「パパ・イニシアチブ」子育て法

男親が賢く元気な子を育てる

能登春男

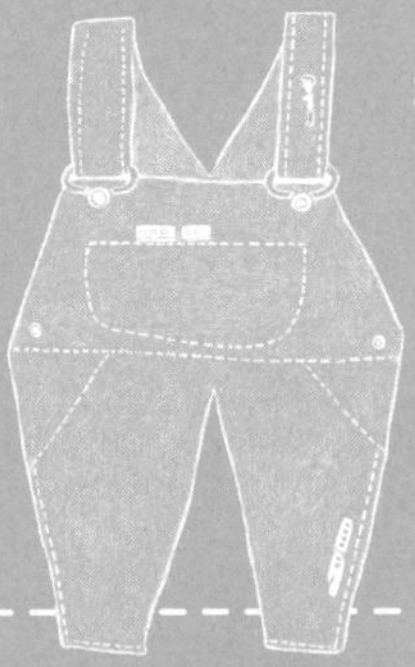

さくら舎

はじめに——「パパ・イニシアチブ」で育った子はどこが違うか

　数年前のことですが、「いちばん古い記憶」について、授業で話しあう機会がありました。二〇歳《はたち》前後の大学生に思いだせるいちばん古い記憶といえば、たいてい保育園・幼稚園の三、四歳頃に起きた出来事です。楽しかったこと、悔《くや》しかったこと、思わず吹きだすようなエピソードが次々と披露され、室内が熱気を帯びてきた頃、隅《すみ》にいた社会人学生が手をあげました。

「私のいちばん古い記憶は、父の手です」

「手？　ですか……」

「そうです」と、うなずいた彼女は「こうして、こう」と赤ちゃんを抱えるしぐさをしてみせました。赤ちゃんだった頃のことを憶えているといいます。

「首の後ろ側と背中に大きな手のひらがあたっている感触があって、ああダッコされてるんだなぁってわかります。その手から、なんだかおっかなびっくりって感じが伝わってくるんです。でも、とても大切な宝物を捧げ持っているような、喜びをかみしめているような、そんな温《あたた》かくて大きなものに包まれていたっていう記憶です」

この社会人学生の女性は両親の第一子として生まれ、父親にとてもかわいがられて育ったそうです。弟・妹が生まれ、姉としての自覚を持ちはじめてからは父親に甘えるのを控え、下の子たちの面倒をみるようになったといいます。

しかし生まれたときからかわいがられていたためか、成長して実家を出て社会人になっても、いつも父親に守られているような感覚があるそうです。将来の選択に悩んだとき、困難にぶつかったとき、「お父さんだったら、どうするだろう」と心のなかの父親に問いかけてきたと話します。

「父にかわいがられて、私は世界一幸福でした。こうして新しいことに挑戦してこられたのも、大きな父の手に守られていたおかげです。今でも、父のことを思うと自分が世界一幸福な子どもだと思えます。だから、私は自分が大好きなんです」

誇《ほこ》らしげな彼女の微笑みは、今も強く印象に残っています。

ユニセフが明らかにしたこと

国際機関のユニセフが提唱する「パパ・イニシアチブ」は、父親が主体的に子育てに関わることで得られるベネフィット（恩恵）を教えています。子育てに積極的な父親を持つ子、つまりパパ・イニシアチブで育った子は、元気で賢《かしこ》く、ＩＱが高くなる。加えて、就学後もそうでない家庭の子どもより学業成績もよいというのです。さらに、父親が子どもと遊び、一緒に笑いあえる家庭は、家族が仲よく幸せになるという調査結果です。

子どもの生命と健康を守るために活動するユニセフですが、この機関が世界各地で実施してきた一連の調査は、男親が子どもの育ちに与えるきわめて重大な影響を明らかにしています。

ユニセフのこの資料を読んだとき、私は二人の学生を思いだしました。一人は前述の社会人学生です。もう一人は、引きこもってずっと授業に出てこなかった男子学生です。年代がずれていたこともあり、それまでバラバラの存在だった二人ですが、この二人にパパ・イニシアチブという新しいモノサシをあててみると、「父親の存在感」という重要な因子が浮上してきたのです。

社会人学生の手の記憶を聞く以前、引きこもりの男子学生がいました。彼が育ったのは、父親が国立大学の医学系研究職、母親も大学で教鞭《きょうべん》をとっているという家庭です。

親類縁者に高名な学者を輩出《はいしゅつ》してきた家系の長男として生まれ、高学歴・高収入の両親と大きな家に住む彼は、幼いときから優秀でした。名門私立中高一貫校に進学して順風満帆に大学入学を果たしますが、その後周囲が気づいたときは学校に行かなくなっており、家のなかに引きこもっていました。

研究一途の父親は家庭に関心がなく、仕事を口実に家族との関わりを避けています。夫が息子に関わろうとしないので、相談相手のいない母親は息子を連れてカウンセラーや精神科通いを続けています。しかし努力のかいもなく、いつまでたっても本人は外に出ようとしません。

先の社会人学生は、秀才でズバ抜けた運動能力を併《あわ》せ持ち、社会人になってからも大学の授業に出席する努力家です。彼女は、父親の愛情を一身に受けて成長しました。他方、引きこもりの彼も頭脳明晰《めいせき》で、スポーツが得意でした。ただ、彼が育ったのは、父親が子どもに関わらない家庭です。引きこもりにいたるまでの事情は、学校環境や友人との軋轢《あつれき》などが複雑に絡《から》みあっているのですが、いずれにしても問題の根は彼が困難をのりこえられなかったところにあります。

ユニセフの調査が示すように、家庭のなかの父親の存在感は、従来考えられていたよりははるかに大きな影響を子どもの将来に及ぼしているようです。

世界が始めた「パパ・イニシアチブ」

この男子学生が引きこもりをはじめたのは、男たるもの外で働き、子育てにあまり関わらないのが常識だった時代でした。この当時、ヨーロッパの先進諸国では女性の社会進出が進んでいました。しかし子育ては女性の役割という考えがまだ強く、各国共通の悩みは「少子化」でした。

子どもが生まれやすい社会の実現をめざして、各国で少子化対策が始まった矢先、ユニセフがパパ・イニシアチブを提唱します。北欧やイギリスでは男親の育児休暇の取得が推進され、子育て家庭のワーク・ライフ・バランス（仕事と生活の調和）を重視した労働環境や法律の整備がおこなわれました。父親の存在が見直されたことで、父親資源の活用をめざした制度改革が進み、各国の出生率が好転します。

先進諸国で始まった新しい子育てスタイルは、日本にも上陸しています。先の男子学生が引きこもったまま三〇代を迎えた今、赤ちゃんをダッコした若いパパの姿が街のあちらこちらで見られるようになりました。ショッピングモールやスーパーを歩く家族連れも、赤ちゃんを抱いているのはパパのほうです。週末にゴルフや仕事のつきあいで出かけることなく、家族と過ごして家事を手伝い、わが子のお守《も》りをする働く男性が増えています。

夫は外で働き、子育ては妻に任《まか》せる……という従来見慣れた家族の風景が変わり、子育てする男親「イクメン」を、新しいライフスタイルとして提唱する雑誌も誕生しています。子どもに関わらなければ、親と呼べない……。現役パパたちのこの感覚は、欧米で広がる子育てのニューウェーブ、パパ・イニシアチブと歩調をともにしています。

パパ・イニシアチブを推奨《すいしょう》するのは、ユニセフだけではありません。北欧諸国やカナダは、国家プロジェクトとしてワーク・ライフ・バランスを推進し、労働環境を整備し、男親も子育てに参加しやすい社会に移行しています。

欧米の政府機関や大学、研究機関による調査でも、お父さんにかわいがられて育った子どもは認知力に優《すぐ》れて学校の成績がよく、心理的に健全であるという結果です。人間関係能力や問題解決力の発達もよいので、より上級の学校に進学するというのです。

そしていずれの調査においても、お父さんはお母さんに次ぐ二番目の養育者ではなく、他の誰にもできない影響を子どもに与える唯一無二の存在であると結論づけられました。

当然ですが、父親が子どもの成長発達に与える影響は、母親と大きく異なります。子どもをやさしく包みこむ女親に対し、男親は活発な接し方をします。将来の巣立ちを意識して、ときに厳しく叱《しか》るのも男親ならではのことでしょう。子どもの対人関係力を鍛《きた》え、社会性を養う育て方をするのは、母親よりも父親です。失敗や困難をのりこえる力も、父親と関わる日々のなかで培《つちか》われます。父親は第二の母親ではなく、男親だからこそ子どもに与えるメリット（利点）は特別なのです。これからは妻の育児を手伝うイクメンというより、妻と協同してわが子を育てるパパ・イニシアチブが求められています。

幸福の法則「パパ・イニシアチブ」

「子育てに正解はない」といわれます。しかし、パパが子どもを大切にする家庭は家族まるごと幸福で、子どもをよりよく明るい将来に導きます。それゆえにパパ・イニシアチブは子育ての一つの正解と呼べるでしょう。

従来の家族観と新しい子育て観が交錯《こうさく》する現代、父親の存在感が実際の生活でどのように子どもに影響するものなのか、興味を感じる人は少なくないでしょう。そこで本書では、現役パパの現在進行形のパパ・イニシアチブを、私の経験も交えて紹介していきます。

職場で他の誰も取らなかった育児休暇をあえて取り、好奇の視線のなかでわが子をダッコして街を歩いたイクメンたちです。夫婦でのワーク・シェアリングや、妻の自己実現をサポートするため、とにかくわが子がかわいいから……と、パパ・イニシアチブにいたった経緯はそれぞれです。

パパたちとの出会いで見えてきたのは家族の幸福を大切にする生き方です。高名な医者による育児書を金科玉条《きんかぎょくじょう》のように守るというより、そうした情報は参考にとどめて、独自のポリシー（方針）を持った子育てスタイルを編みだす姿勢でした。

親にとって、子どもは自分の思いを未来につなぐ存在です。自分が生きてきた証《あかし》が子どもに受け継がれ、私たちは永遠に生きていくことができるのです。子どもをよりよく育てるのは、親としての楽しみであり、自然から与えられた種としての生き残りの知恵でもあります。男親が主体的に関わると、子どもが持って生まれた可能性をよりよく引きだせ、人間力と社会力を兼ね備えた賢い子どもに育っていく……それは、パパ・イニシアチブにひそむ幸福の法則に始まります。

一歩先を行くパパ・イニシアチブの経験を広く共有することは、これから子どもを持つ人、すでに子育て中の人に勇気を与える価値あるものと信じています。

本書が読者の方々を愛の挑戦に奮い立たせ、パパ・イニシアチブ実践の礎《いしずえ》となれれば、これに勝《まさ》る幸せはありません。

◆目次

第2章　パパ・イニシアチブで心も身体も元気に育つ

第3章　子どものIQを高めるパパ・イニシアチブ

第4章　イジメをかわす力、思春期をのりこえる力

第5章 パパ・イニシアチブを実践する法

第6章　ネット時代はパパ・イニシアチブの出番

男親が賢く元気な子を育てる

「パパ・イニシアチブ」子育て法

第1章　男親のオキシトシンパワー

ボウルビィの愛着理論

生みの親か、育ての親か……。このテーマは永遠の課題です。

産院での赤ちゃん取り違え事件や、子連れ再婚による血縁のない親子など、親子の絆《きずな》についてはことあるごとに問いかけられてきました。生命を生みだした力を「親」と呼ぶか、愛《いと》おしんで育てた年月が人を「親」にするのか……。

一九五八年、イギリスの児童精神医学者ジョン・ボウルビィは、母子の心の結びつきが子どもの健《すこ》やかな育ちを支えるという「母子関係の理論」を打ちだしました。ロンドンの児童相談所や子どもの精神分析を手がけた経験から、人生初期に愛情深く育ててくれる母親（養育者）に対して、子どもが抱く特別な心の絆を「愛着」と名づけたのです。

この愛着理論は、診療所で出会った乳幼児や親たちの観察をもとにしたものでした。最近の乳幼児心理学にも引き継がれている、意義深い研究課題でもあります。この理論を発表した当初、ボウルビィは子どもの愛着対象を「母親」に限定しました。しかし、その後周囲の意見を入れて、対象を「母親」から「養育者」に広げました。血のつながりがあってもなくても、子どもの育ちに責任を負って日々親密な関わりを持って育てる人、つまり「養育者」の存在で、子どもは社会的、精神的に正常に発達していくというのです。

愛と慈《いつく》しみの基本的な信頼関係は、母親だけでなく、父親も祖父母も、そして血縁がない養育者であっても結べます。生みの親と育ての親が同じであればそれに越したことはありませんが、ともに過ごした時間の長さと愛情の深さによって愛着関係が生まれてくる事実は見過ごせなかったのです。

そして、愛着関係を持つ親密な養育者は、一人よりも複数いるほうが自然でよいのです。複数の養育者でそれぞれ子どもと心の絆を結んで成長を見守れば、お互いに支えあえて子育てのリスクが低くなるからです。子どもの側も、より多くの年長者との関わることで社会性が育《はぐく》まれます。

発達心理学者のメアリー・エインスワースも、親子の関係は血のつながりよりも守られ愛され苦楽をともにした時間によって育まれると述べています。

九ヵ月のあいだ胎内に子どもを宿し、この世に送りだす妊娠・出産は尊いものです。そして生まれてきた子を健やかに育ててあげることは、さらに時間と手間ひまがかかります。どんなときにも変わらず子どもを慈しみ育ててきた人こそ、血のつながりがあるかどうかにかかわらず、真の親と呼べるのです。

母性をめぐる幻想

母性といえば妊娠・出産・育児の三つの力ですが、このところ妊娠・出産をしても、育児をできない母親が珍しくありません。経済的な困窮《こんきゅう》や若すぎる出産など特殊な事情がなく、幸福な結婚にもとづいた良好な夫婦関係で、経済的にも恵まれている家庭で起きていることです。何も問題ないのですが、自分が産んだ子なのにかわいく思えないとか、どうやって育てればよいかわからないと訴える母親が増えています。

私の経験では、この悩みを持つ人の多くが、高学歴・高収入の女性でした。母親になったものの、親としてやっていく方法は学校で教わっていません。子どもは無事生まれましたが、育てる本能にスイッチが入らないままです。

こうした相談に対して、私は「まず赤ちゃんにふれましょう」とアドバイスします。おっぱい（またはミルク）をあげて、抱いたりあやしたりの世話をするうちに、育てる力が湧《わ》いてくるからです。

そういえば以前、「母性」が女性のみに与えられた天賦《てんぷ》の才と謳《うた》われた時期がありました。昭和の頃は、出産イコール母性と唱《とな》える医学者の本が出版されていました。「出産イコール育児の達人」というこの公式を真に受けてしまうと、そうでない自分にいらだち、無力さを感じるのは無理もないことです。成績優秀でやってきた人であれば、なおさらでしょう。しかし、頭のよしあしにかかわらず、はじめてのことには誰でも手探りで経験を積んでいくしかありません。

女性だから育児ができるわけではなく、男性なので育児ができないのでもありません。最近わかってきたのは、妊娠・出産を除けば、じつは男性にも母性、すなわち育てる力が備わっているということです。

男性脳にもオキシトシン

前述のように、ボウルビィは初期の愛着理論では子どもの愛着の相手を母親に限定しましたが、その後周囲の批判をあびて「母親」から「養育者」へと広げました。そして近年、この子育て理論は生理学的にも裏づけられています。

大脳生理学分野における、脳内物質オキシトシンの研究です。子育てによるふれあいで、養育者と子どもの双方のオキシトシン分泌量が高まるというのです。

オキシトシンは、イギリスのノーベル賞学者ヘンリー・デールが発見した脳内ホルモンです。出産に臨《のぞ》む母親の体内に大量に分泌され、陣痛をうながして胎児を押しだし、母乳をつくりだす働きを持つホルモンとして、一〇〇年以上前に確認されました。昔の医学者が出産イコール母性と考えたのは、この発見に由来していたと思われます。

脳内ホルモンといえば、ドーパミンやアドレナリン、セロトニンなどがよく知られていますが、心と身体の両面から私たちの感情や行動に大きな影響をおよぼします。同様にオキシトシンも神経系に作用して、相手を受け入れる受容力や包容力、親密な関係を結ぶ対人関係力を私たちにもたらします。

注目すべきは、オキシトシンが持つ、養い育てる力です。

そして、オキシトシンは、理解しあった相手との愛がこもった皮膚刺激によって、分泌されます。そのため、添い寝、オンブやダッコなど親子のふれあいを重ねていけば、自然なかたちでオキシトシンが分泌され、育てる力が湧いてくるのです。

長いあいだ母性行動をうながす女性特有のホルモンと考えられていたオキシトシンでしたが、じつは男性の脳にも分泌されています。日常的には女性のほうがオキシトシンの分泌量が豊かですが、生理学の実験では、一定の刺激を同時に男女に与えたときは、男性のほうが女性よりも多く分泌されるという結果です。

心の絆を育てる脳内ホルモン

オキシトシンは、老若男女すべての人のなかで産生されます。人と人、友人同士、妻と夫、親と子がふれあうほど、関わるほど分泌されて、信頼と親密の絆を生みだします。

誰もが生まれつき、この仕組みを備えています。信頼で結ばれ、親密な愛着関係が育つと、またさらに多くのオキシトシンが脳内で生成されます。そして、愛、友情、信頼といった高度な精神活動の裏側で、オキシトシンが生理的に働いています。この脳内物質は脳の視床下部《ししょうかぶ》で合成され、下垂体《かすいたい》から分泌されて中枢《ちゅうすう》神経、腎臓《じんぞう》、心臓、胸腺《きょうせん》、膵臓《すいぞう》、脂肪組織など全身に作用していきます。オキシトシンが働く場所は脳のセロトニン神経の神経細胞にあるため、オキシトシンが分泌されるとセロトニンの働きも活発になります。

つまり、脳内のオキシトシンレベルが高まれば、それに応じてセロトニンもパワーアップするのです。セロトニンには、メラトニンとともに睡眠を調整する働きがあります。また、適度な分泌によって安定した精神状態を保てます。感情的に穏《おだ》やかになり、キレたり、イジメたりの過激な行動を抑制する作用があることでも知られています。

さて、オキシトシンは愛情のこもった接触、つまりふれあいによって分泌されます。心の絆をつかさどる脳内ホルモンなので、「愛情ホルモン」「幸せホルモン」とも呼ばれています。このホルモンが、オンブやダッコで散歩するときに、パパの体内にも満たされることになるのです。

ふれあうと赤ちゃんの心がわかる

神奈川県在住の児玉亭さんは、二児のパパです。子煩悩《こぼんのう》な彼は、四ヵ月と二歳の女の子のためにベビーマッサージ（151ページ参照）の講座に参加しました。

この講座は私が講師を務めていましたが、毎回参加者に宿題を課していました。その日、新しく学んだベビーマッサージの手技を自宅や職場で、子ども相手に実習するというものです。

子ども好きの児玉パパは、他の誰よりも愛情深い父親であると自負しています。最高の愛を二人の娘に注いでいるとずっと信じていました。

ところが、ベビーマッサージの実習を日々おこなううちに、それまでの愛情は何だったのかと感じるようになってきたそうです。

「もちろん、かわいいって以前から思ってましたよ。でも、講座の予習復習で、毎日娘にマッサージしているうちにですね、もっとかわいくなってきて……つまり、何というか心の底からじわ～っと湧いてくるものがあるんです。それはただのかわいいと違って、もっと奥深いところから湧きあがってくる、あふれるような愛おしさ、守ってやりたいという気持ちです」

「子どもを愛している」という思いと、ベビーマッサージで芽生えた「心の底から愛おしい」という情感は、まったく次元が異なるのだと力説しています。今まで以上に深く豊かな愛情が心の奥底から湧きあがってきたと、児玉パパの目じりはすっかり下がっています。ミルクがほしい、オムツを替えてほしい……、ダッコしてもらいたがっているときや、一緒にいてほしがっているときなど、言葉を介さなくても、しぐさや表情、声のトーンで赤ちゃんの思いを感じとれるようになり、育児がラクになったとのことです。

赤ちゃんとの絆は、ママとのあいだと同じくらい、それ以上に強くなり、抱いて話しかけてマッサージするうちに、言葉を話せない赤ちゃんが返してくる思いを理解できるようになっていました。

児玉パパは、ベビーマッサージの実習課題で子どもたちの肌にふれるうちに、産みの母親である妻以上の母性を発揮するようになっていたのです。

オキシトシンレベルを上げる添い寝とオンブ

東京に住むトーマス・ブラウンさんは、妻と協力して二人の子どもを育てあげたイクメンです。アメリカから夫妻で来日し、日本の生活に慣れた頃に第一子に恵まれました。

ブラウン夫妻は母国から遠く離れて暮らしていたため、親や親戚がいないなかで長女を産み育てました。妻のジャネットさんは一年間の育児休暇が認められましたが、トーマスさんの職場に父親の育児休暇制度はありませんでした。

「でも、みんな親切でした。私たちは、産院の先生と看護師さんに、育児のしかたを教わりました」

医師のすすめで、妻の入院中は産院にある畳《たたみ》の個室で親子一緒に眠りました。

「アメリカでは出産して一日で退院しますが、日本は一週間も産院にいられます。娘が生まれてからの一週間は三人で並んで眠りました。それはそれは幸せな一週間でした」

退院して自宅に戻ってからは、赤ちゃんの沐浴《もくよく》やオムツ替えなど、新しいことの連続だったとブラウンさんはふり返ります。母国を離れての出産と育児だったため、若い夫妻は日本式育児を選びました。

「いちばんの思い出は娘と一緒に眠ったことです。アメリカには添い寝の育児習慣がないので、アメリカ人として珍しい経験だったと思います。眠るときは、クイーンサイズのベッドで三人並んで川の字です。お風呂も子どもと一緒に入りました。アメリカに住む弟が、これを聞いてビックリでしたよ。アメリカでは赤ちゃんと一緒に寝たり、子どもとお風呂に入ったりはしませんから」

基本的に、アメリカでは子どもと添い寝する習慣がありません。まして父親が赤ちゃんとはいえ女の子を入浴させるなど、とんでもないことです。一緒に入れれば、セクシャル・アビューズ（性的虐待《ぎゃくたい》）とされて警察に逮捕されるお国柄です。

「子どもたちは母乳で育てました。ですから、私はミルクをつくりませんでした。でも、泣いたときにあやすのは私の役目でした。夜になると泣きだすので、真夜中に娘をオンブして散歩したこともありました」

夜泣きは三ヵ月間続いたそうです。夜だけでなく、昼のあいだも赤ちゃんを散歩に連れだすのは、パパの日課でした。日本式のオンブヒモで赤ちゃんを背負い、特製羽織をはおって歩くと、ノッポの白人男性が小さな赤ちゃんをオンブする姿が珍しがられ、通りすがりの人に話しかけられることもありました。

赤ちゃんだった長女のマリアさんは、今は親元を巣立ってアメリカで生活しています。高校生のときは、進路選択にあたり、お父さんの職場を見学することもあったそうです。学校のイベントで父娘一緒の歌と踊りを披露するなど、その仲のよさは周囲の人たちが認めるところです。

「娘はとてもがんばり屋です。本当にいい子に育ってくれました」

マリアさんは自慢の娘です。日本にいたために、母国で育てるよりもたくさんふれあって子育てができたブラウンパパでした。

オキシトシンレベルを上げる膝にダッコ

埼玉県蕨市《わらび》でＳＯＨＯ（スモールオフィス・ホームオフィス）を営む平野健太郎さんは、現役イクメンです。五人の子どもを子育て中です。

第一子が誕生した頃は、大手コンピューターメーカーの第一線で働いていました。長女誕生の朗報を知ったのは、妻の実家に向かう新幹線のなかでした。

第二子が生まれた後、妻の仕事を応援するためにサラリーマンを辞《や》め、自宅でできるＳＯＨＯビジネスに切り替えました。今度は妻が外で働き、平野さんは子どもたちの世話をしながらコンピューターに向かう日々となりました。

第三子が生まれたのは、そうした新しい家庭環境のなかでした。産院の方針で立ち会えませんでしたが、分娩室《ぶんべんしつ》の外でわが子の無事な誕生を祈っていたそうです。

「子どもたちはみんなかわいいです。とくに、三番目の女の子は生まれたときから自分の手で育てたせいか、心が通じあっているというか……上の二人よりも何を考えているのかよくわかるんですね。向こうもすぐに膝《ひざ》にのって甘えてくるし」

長女、長男の二人が生まれたときは仕事の都合で一緒にいられず、幼いときも忙しくてあまりかまってやれなかったとふり返ります。

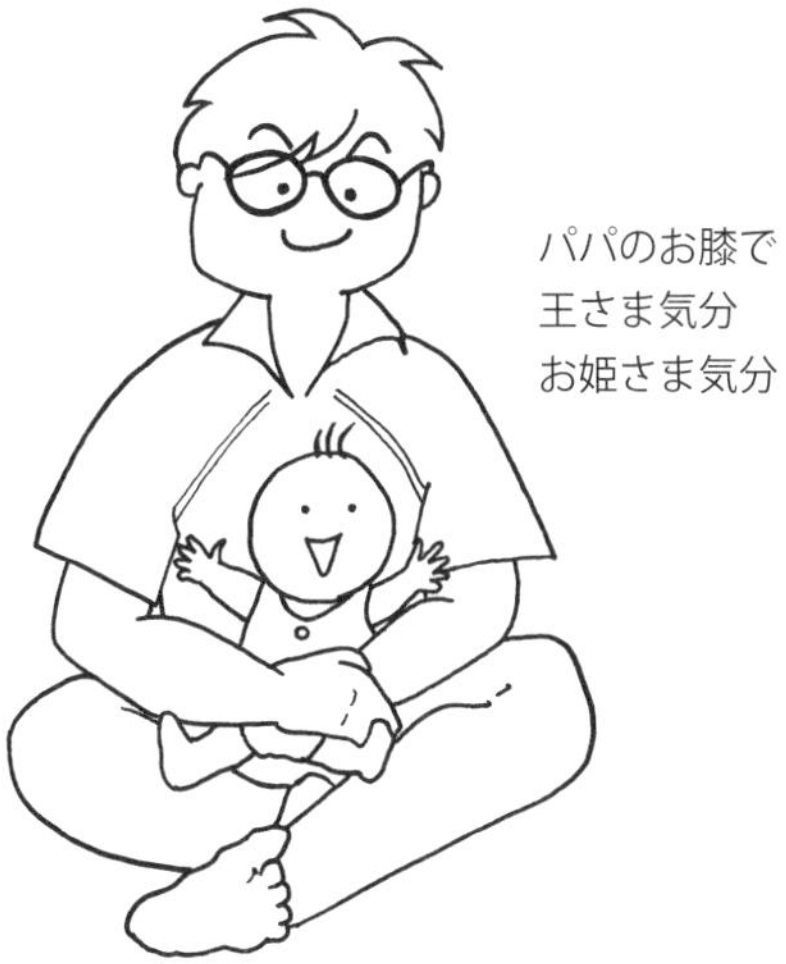

早朝、子どもが目覚める前に出勤し、子どもたちが寝入ったあとに帰宅する生活だったため、子育ては妻に任《まか》せていました。そんな日常であっても、週末は子どもたちと一緒に過ごすように心がけていました。

それでも違いがあったと、平野パパは語ります。

「あの頃は、子どもたちが考えていることとかよくわかりませんでした。今はいつも一緒なので、よくわかるようになりました。五人ともよくわかります。なかでも生まれたときから関わっている三番目以降の子のことは本当によくわかります。子どものほうも、こっちが考えていることがわかっているようすです」

平野パパのこの言葉は、経験に裏打ちされ

た貴重なものです。育児に十分関われなかった子と、生まれたときからしっかり関わってきた子では、絆の質に違いを感じざるを得ない……。しかし、そこは冷静に自己分析したうえで、子どもたちと平等に接する平野パパです。

ふれあった分だけ絆が深まる

多角的な実験や研究により、脳内のオキシトシン分泌量が増えると、他人に対する信頼感や誠実さ、寛大さが高まることが確認されています。オキシトシンのこの作用はコミュニケーション障害や自閉症を改善させる効果があるため、薬としても利用されています。最近は、オキシトシンの錠剤や点鼻《てんび》スプレーが出まわっています。

しかしながら、スウェーデンの生理学者でオキシトシン研究の先覚者シャスティン・モベリ博士は、人工的に注入したオキシトシンは体内で長持ちせず、短時間のうちに血液中で分解されてしまうと報告しています。効果を持続させるには、オキシトシン剤を投与しつづけなければなりません。

治療のための投薬はともかく、健康な人はナチュラルなやり方でオキシトシン効果に浴することをおすすめします。自然で、簡単で、しかも大きな効果を望むのであれば、子どもとふれあいましょう。文字通り、肌と肌が直《じか》にふれるときに、オキシトシンが分泌されます。

首すじを支えて
後頭部から背中を
カバーします
おしりを持って
体重を受けとめます

単に接触するのではなく、信頼する相手との心のこもったふれあいが、脳内のオキシトシン値を高めます。

親子の情は、一緒に過ごす時間、感情の共有、関わりの深さ、言葉のやりとりを通して育っていきます。なかでも、肌のふれあいは、養育者に育てる力を授《さず》けます。

女親は妊娠中の九ヵ月間、赤ちゃんと直接つながり、出産でオキシトシンが大量分泌され、授乳を通して育てる力を授かります。

男親もうかうかしていられません。パパと赤ちゃんのふれあいは、生まれたときにスタートです。待ちの姿勢では何も始まりません。まずこちらから手をさしのべましょう。

赤ちゃんはパパが抱いてくれるのを待っています。すでにお母さんのお腹のなかにいるときから、父親の存在を認知しています。赤ちゃんにとって、ダッコしてもらいやさしく話しかけられることは、生まれてきた世界に自分が受け入れられているかどうかを知るバロメーターです。愛されている、大事に思われていると確認できたとき、親（養育者）への信頼が生まれ、子どもの心に生きる力が満ちてきます。

生まれたばかりの頃は首がすわっていないうえ、やわらかくてふにゃふにゃした小さな身体です。抱くのが怖いと感じる人がいるかもしれません。たいていママが抱くと泣きやみますが、パパが抱くと泣きはじめます。

焦《あせ》ることはありません。硬くてごつごつした大きな手が誰よりも自分を大切に思ってくれていると伝わるまで、それほど時間はかかりません。赤ちゃんは手のひらにおさまる小ささです。その感触を自分の手で確かめておきましょう。

オキシトシンはストレスも減らす

最近のオキシトシン研究の進展により、この脳内物質が従来考えられていたよりはるかに広範囲に、しかも多様な影響を及ぼす重要なホルモンであることが解明されました。

オキシトシンは不安や心配を抑制する作用を持ち、記憶力やコミュニケーション力を高める効能も備えています。免疫力を上げて炎症を抑《おさ》え、動脈硬化や心臓病を防ぎます。しかも、愛や信頼の情を高め、争いごとなどの問題行動を起こさなくなるというオマケつきです。

さらに、体内のオキシトシン値が高くなると気分が落ち着き、ストレスを感じなくなります。オキシトシンが持つ恐怖や不安をやわらげる働きにより、それまでストレスに感じていたことも難なくのりこえられるようになります。

また、オキシトシンは、心身両面の回復力を高めます。体内レベルの上昇に従い、それまでつらく感じていたことも負担に思わなくなってきます。

体調が良好で、精神的なストレスが減り、仕事を効率的にこなせれば、それだけ子育てのための時間を捻出《ねんしゅつ》できるようになるでしょう。子育てに熱心なパパたちは、仕事ができる人が多いという実感です。

家族関係を好転させるオキシトシンパワー

先日、子育て中のお母さんの感情の振幅《しんぷく》について、米国チャップマン大学のジェニファー・A・ハンホルブルック准教授がテレビでコメントしていました。子育て中のお母さんが、ほんの少しの快・不快に極端に反応し、感情的な揺れを見せる理由に、オキシトシンが関わっているというのです。

愛情を強めるオキシトシンは、愛や絆を邪魔する相手に対して攻撃性を強める働きもします。たとえ夫でも、育児に非協力的な態度を見せれば、攻撃の対象になりかねません。ときには夫婦関係に破綻《はたん》を招くほどの攻撃性です。オキシトシンの分泌は哺乳類《ほにゅうるい》共通の生理作用ですが、動物も子育て中は子どもを守るために容赦ない行動に出ます。愛を守るために攻撃性が高まることは、心得ておくべき重要事項です。

さて、ここでオキシトシンとママのリラックス度を調べた実験を紹介しましょう。母親の脳内の働きを研究している黒田公美《くろだくみ》博士（理化学研究所）が、育児ママの一日の心拍数の変化を計測しました。その結果、常に高いストレス状態にいる子育て中のママが、例外的にリラックスしてオキシトシンの働きが強まるときがあるとわかりました。

ひとつは、授乳のときです。わが子とのふれあいで、ママの気分が穏やかになりました。そしてもうひとつは、夫と子どものことについて話をしているときでした。

夫が妻と向きあい、まじめに育児の悩みを聞いているとき、妻は心からリラックスしていたのです。具体的に解決法をアドバイスされるなどがなくても、自分の話が受け入れられ、夫が寄り添ってくれていると感じるだけで、妻はリラックスできてオキシトシンがよく分泌されました。

話を聞く……。ささやかなことに思えますが、夫として子育てに関わろうとする姿勢を妻に伝えることは大切です。これが妻の愛情にも影響し、家庭生活のその後に大きな違いを生んでいくのですから。

生命をつなぐ力

　このようにオキシトシンは、生命の連鎖《れんさ》に不可欠な根源的な役割を担《にな》っています。ドーパミンやノルアドレナリンなど興奮や不安、攻撃性をつかさどる他の脳内ホルモンとのバランスを保つ働きを持ち、人と人がつながり、家族をつくり、子孫を残していくために必要とされる本能を活性化させます。

　私たちが仕事に励むのは、個人的な出世欲や達成感（自己実現欲求）のためだけではありません。家族を守り子どもを育てるという、種の存続に関わる目的も無意識のうちに含まれています。オキシトシンは、生命の根本目的を成し遂げるために、備わった脳内ホルモンと思われます。

　児玉パパは、ベビーマッサージによって、それまで以上の深い愛情を娘たちに注ぐようになりました。平野パパは、日頃のふれあいが豊かであるほど、子どもたちと心が通じるようになると話します。トーマスパパは、添い寝とオンブのふれあいで、子どもたちを幸福に育てられたといいます。

　ヒトの脳のなかにあるオキシトシン神経細胞は、オキシトシンを分泌すればするほど突起《とっき》を伸ばして発達していきます。はじめての子育てにとまどい、疲れることもしばしばですが、ふれあいながら育てるうちに、親の脳内にもオキシトシン神経細胞が育っていきます。二人目、三人目になるとぐっと子育てが楽になるのは、こうした事情も手伝っているのでしょう。

赤ちゃんとのふれあいは、育児の苦労を喜びに変えてくれます。こちらも親へと育てられていると実感する日々です。

第2章　パパ・イニシアチブで心も身体も元気に育つ

「元祖イクメン」は夜泣き担当

矢野悟さんは一男一女の父親です。仕事が生きがいという妻を助けて、子どもたちを育ててきました。

「(子育てに関することは) 産むこととおっぱい以外は、みんなやりましたね」

大企業で働きながら、イクメンという言葉が登場する前から家庭で子育てのイニシアチブをとってきた強者です。そんな姿を知る人たちが、いつの頃か矢野さんを「元祖イクメン」と呼ぶようになっていました。

矢野さんの場合、もともと家事全般が得意だったので育児に抵抗がなく、男でも子育てするのは親として当然のことと考えていました。現在の住まいを選んだときも、最優先したのは子育てしやすい環境でした。東京都内でも子育て支援に先進的な、江戸川区です。

長女の誕生を間近に控え、さっそく地域の「パパ親教室」に育児テクニックを学びに出かけました。沐浴《もくよく》のしかた、ミルクのつくり方、哺乳瓶《ほにゅうびん》の消毒……。習ったことはすべて即座に役立ち、矢野家ではこれらのことはパパの役目になりました。

妻の育児休暇中、日中はママが赤ちゃんの世話をしました。矢野さんが会社から帰宅すると、赤ちゃんはパパの手に渡ります。矢野家でも、生まれたばかりの子どもを入浴させて添い寝するのは、男親の役目でした。

「そういうわけで、私は夜泣き担当でした。睡眠時間が三時間という日もありましたよ」

――仕事に支障は出ませんでしたか？

「いいえ、長女が生まれる前から、この睡眠時間で働くことがあったので、大丈夫でした」

職場では、女性の先輩社員たちの気づかいに助けられたそうです。

「もういいから帰りなさい。おうちで赤ちゃんが待っているでしょ」

残業しようとすると、周囲から声がかかってきます。そのおかげで夜八時までには帰宅できました。帰ると赤ちゃんを入浴させて、寝かしつけます。夜は一緒に眠り、泣きはじめると抱きあげてあやしました。

そして長女が一歳になったとき、矢野パパは突然、倒れてしまいました。

「もうこれで大丈夫、ここまで大きくなれば無事に育っていける……と思った途端、頭がクラクラッときました」

一歳という大切な節目を無事に迎え、順調に成長するわが子の姿に安心して力が抜けたのです。

「病院の検査で異常はまったくなく、疲れでしょうということに落ち着きました」

一週間の入院でした。責任感を持って子育てに関わるパパのおかげで、ママはさぞかし心強かったでしょう。その後第二子にも恵まれ、矢野家は、子どもたちを保育園に通わせながらの夫婦共働き生活へと突入していきます。

妻と子の心の安定に欠かせないこと

男親が子育ての意欲を行動で示すと、女親の精神状態が安定します。とくに妻の実家が遠い場合は、夫の協力は妻の心の安定に欠かせません。頼れる存在が身近にいるというだけで、出産時のストレスや出産前後のマタニティーブルーが軽くなるものです。

矢野家は夫婦ともに仕事をしていたので、江戸川区の子育て支援制度をフルに活用する戦略をとりました。ふだんは子どもたちを保育園に通わせましたが、休日出勤のときは「保育ママ」（一九六九年から続く江戸川区の子育て支援制度。区の認定を受けた子育て経験者や有資格者による託児システム。家庭的な環境で保育してもらえる）に預けました。区の保育ママさんが同じマンションに住んでいたので、送迎の手間と時間が節約できたそうです。

仕事と家事と育児のかじ取りは、順調でした。しかし、たまに思いがけない事態に陥《おちい》ることもありました。矢野さんが土日の休日を利用した研修に出席するにあたり、子どもたちの預け先が見つからないというハプニングです。妻の都合がつかなくなり、保育ママさんの予約もとれなかったのです。

「もうしかたありません。ベビーカーに弟のほうを乗せ、お姉ちゃんの手を引いて出かけました。研修室のいちばん後ろに子どもたちを座らせ、そこで遊ばせながら部屋の前のほうでおこなわれていた研修を受けました」

常日頃パパに世話され、十分愛されていたためでしょう。幼い姉弟はパパの姿が見えているので安心して、落ち着いて静かに遊んでくれました。むずかったり騒いだりすることはありませんでした。どんなときも必ず守ってくれるパパの存在感が、子どもたちの心を安定させていたのです。

自立できる子に育てるために

「子育ての方針ですか？　うーん強《し》いて言うなら、健康に育ってもらいたいですね」

子どもたちの健康を守るために、矢野パパがことのほか気を配っているのは食事です。

「ファストフードは絶対に食べさせませんでした。大きくなった今もそうです」

矢野家の子どもたちは、毎日パパの手づくり料理を食べています。料理するときは、素材や栄養バランスに人一倍こだわります。朝の味噌汁も、田舎のおばあちゃんが送ってくれたカツオ節やコンブからダシをとっています。

「あとは……う〜ん、そうですね、自分の道を自分で決められる人間に育ってほしいですね」

自分の道を自分で決める……。いつまでも親がそばで守っていなくても、自分の力でやっていけることも意味します。将来自立して人生のパートナーを見つけ、学業や仕事においても自分で決断できるように育ってほしいという思いです。

人生航路（ライフコース）においても、ビジネスのうえでもわが道を貫《つらぬ》いてきた矢野さんです。子どもたちに望むのは、自分の足で生きていく力です。「一人で生きていける」には、仲間を見つけ、力を合わせて目標を達成できる社会性も含まれています。

「健全なる精神は、健全なる肉体に宿る」のことわざ通り、丈夫な身体とストレスに負けない精神力のあいだには高い相関性があります。身体と心の健康は、社会的、経済的に自立していくための大切な足がかりです。

「まあ、健康に一人で生きていく力があれば、細かいことは後からついてくるでしょう」

矢野パパは楽観的です。

現在、矢野家の子どもたちは思春期まっただなかです。父子の関係はきわめて良好で、矢野パパの口から「子どもが何を考えているか、わからない」という言葉が出ることはありま

①

②

①生まれたばかりは身長50センチ前後。実際は手足を丸めているのでもっと小さい。お湯に入れるときは赤ちゃんの体幹部を支えてゆらゆら左右に漂わせます
②パパが身体を洗うあいだは、洗面器に座らせます。腰がすわっていなくても、洗面器にピッタリおさまります

せん。

「中学生でも高校生になっても、娘や息子にハグしていますよ」

産むこととおっぱい以外は、すべての子育てをやってきた矢野さんです。生まれたときから築きあげた親子の絆《きずな》は、確固としたものです。

丈夫で元気が育児の第一目標

東京都下で自営業を営《いとな》む高井信一さんは、男の子を授《さず》かりました。パパになると知ったときは女の子がほしいと思いましたが、生まれた子を産院で抱きあげてみるとどうでもよくなったといいます。「ようし！　かわいがって育てよう」と、心のなかで誓いました。

産院から妻子が戻った日、高井さんは赤ち

ゃんを入浴させました。両手で赤ちゃんを包み持って湯船につけると、いかにも気持ちよさそうな表情を見せます。その顔を見るのが楽しみになって、毎日のお風呂係はパパの役目となりました。

のんびりお湯につかっている小さなわが子の顔に、この子に何をやってあげられるだろう……と考えます。答えは、いたって単純でした。

「やっぱり、丈夫で元気だな」

何度考えても思いつくことは同じです。肉体が健康ならば、精神力もついてきます。知力も健康でなければ十分に発揮できないものです。

実家の父と知恵を出しあったうえで、高井さんとその父の名を組みあわせてシンタロウと命名しました。自分たちが経験してきたこと、積みあげてきた人生の知恵を子どもに受け継いでいってもらいたいという願いを込めてのことでした。

月齢二ヵ月目を迎える頃、高井パパは仕事から帰ると、シンタロウくんを膝《ひざ》にのせてあやすようになりました。ダッコして話しかけるうち、ふいにこの子がハイハイを始めたらどういう動きをするのだろうかと気になりました。

赤ちゃん目線になって屋内を見まわすと、気になる個所が浮かびあがってきました。赤ちゃんにとって危ない場所です。そこで次の休日は、風呂場と台所の入り口に柵《さく》を設《もう》け、リビングのテーブルや椅子の、角のある所を布でカバーしました。危険なものや壊れやすいものは、整理して物置や棚にしまいこんでしまいました。

屋内の環境に気をつかったのは、元気な成長は身体をよく動かすことから始まると考えたからです。赤ちゃんの脳神経系は、動くことで発達します。子どもの脳は生まれてから三年で、ほぼ大人と同じ大きさまで成長します。脳内の神経ネットワークがぐんぐんつながっている最も大切なこの時期だからこそ、高井パパは自由に動いて遊べる安全なスペースを確保したのです。

子どもの反射神経を鍛える遊び

成長してハイハイを始めると、シンタロウくんは好奇心のかたまりになりました。自由に動きまわり、目を輝かせて家のなかを探索しています。行動範囲が広がり、どこにでも入っていくので目を離せません。

ティッシュボックスから中の紙をすべて引き抜いたり、カラフルな新聞広告を力まかせにちぎったり……。細かくちぎり終わると、気持ちよさそうに声を上げて笑っています。何をやっても楽しくてたまらないようすです。

伝い歩きが始まると、タンスや引き出しを開けて、なかのものを出してしまうこともたびたびでした。目に入るものはすべて新鮮で、驚きと好奇心の対象です。
「すごいな、なんでもオモチャにしてしまうんだ」
妙なことに感心しながら、幼いわが子の動きを制することなく見守る高井パパでした。

高井家が選んだのは、身体を鍛《きた》えて丈夫にする育て方でした。近頃、転んだときに手が出ない人が増えています。自転車やランニングで転倒しても、手が前に出ないので顔面制動(頭から突っこむ)で顔や頭を傷つけてしまいます。

子どもの将来からリスクを排除しておくのは、育児の原則です。そこで高井パパは、顔面制動の原因になる遊具、歩行器を子どもに使わせず、反射神経を鍛える遊びをさせることにしました。

まずはハイハイの足元に、わざと本など障害物を置いてみます。はじめは突っかかってよろけましたが、転んでも手を出さずに見守っていると、自分で起きあがってハイハイを続けます。それをくり返すうちに障害物をよけて通るようになり、ついに障害物をうまくのりこえていくようになりました。

その後、立ちあがり、ヨチヨチ歩きへと進むなか、シンタロウくんは転び方が上手になっていきました。

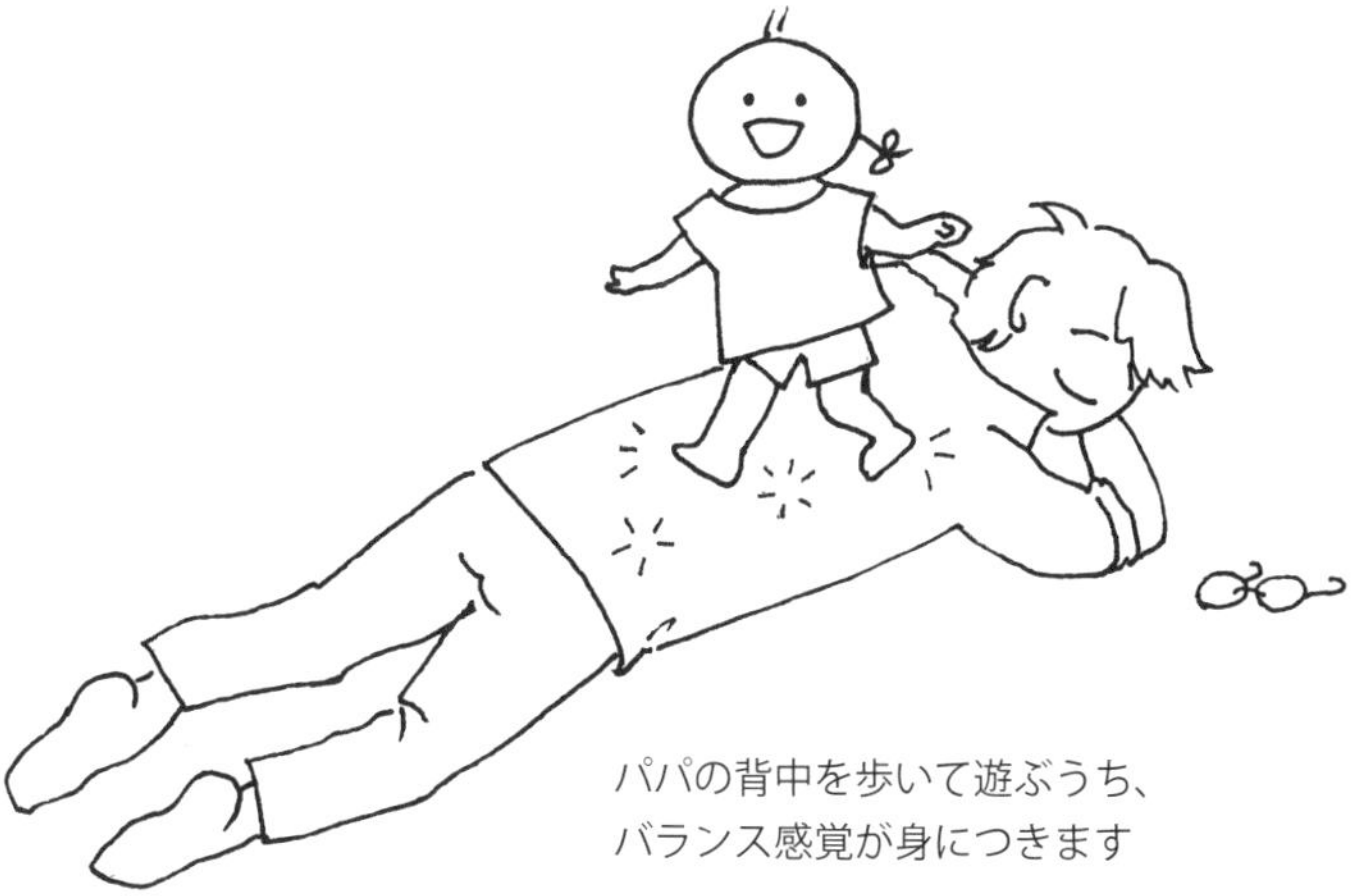

パパの背中を歩いて遊ぶうち、
バランス感覚が身につきます

さらに、パパの背中を歩く遊びで、身体のバランス感覚を身につけていきました。

子どものチャレンジを見逃さない

シンタロウくんが一歳になる頃、散歩に出た高井親子は、近所にある神社の石段前に立ちました。

一段目は長男の手を引いてあがりました。石段の蹴《け》上《あ》げは大人にはなんということのない高さでしたが、一歳児にはそびえるような高さに見えたでしょう。二段、三段と上って手を放すと、一人で立っていられなくなり、両手をついて四つん這《ば》いになってしまいました。

抱きあげようとしたママに、パパが目《め》配《くば》せしました。「自分でやらせてみよう」という合図です。シンタロウくんが自分で階段を上ろうとしていたのです。

両足をふんばって、片手を上の段に伸ばしています。階段には砂利《じゃり》が敷かれており、その上に落ち葉が積み重なっています。小さな手が落ち葉をかき分けて砂利をとらえ、一段一段ゆっくり這い上っていきました。そして最後は、エンエンと声を出して泣きじゃくりながら、最上段に上りつめました。

「すごい！」

「よくやった！」

境内《けいだい》に居合わせた人たちに拍手で迎えられ、涙でぐしゃぐしゃのシンタロウくんの顔が、パッと明るく輝きました。階段のてっぺんに立った瞬間、その目前で一気に世界が広がったのです。生まれてはじめて自分の足で上った、上から見た風景でした。

大人のモノサシで測れない子どもの時間

子育てする誰もが実感するのは、子どもの成長の速さです。

生まれたときは首がすわらず、寝かせられるままだったのが、あっという間にハイハイして、もう立ちあがって歩いています。たった一年でこれほど成長してしまいます。

身体もそうですが、内面世界もものすごい勢いで成長しています。赤ちゃんは、生まれてから見聞きしたことすべてを吸収し、心の栄養にしてしまいます。

同じ空間で同じ時間を過ごしていても、赤ちゃんの一日は、大人の一日とは比べようもなく濃密です。昨日できなかったことを今日できるようになり、明日はさらに先に進んでいます。大人にとっての一年は、赤ちゃんには一〇年分のコンテンツと考えて差しつかえないほどぎっしり詰まっています。

いつか暇ができたときに遊んでやれたら……などと思ううち、三ヵ月や半年はあっという間に過ぎ去っていきます。同じ空間で同じ体験を共有していても、子どもにとっては大人の何倍も意義深い時間です。

自分で首の向きを変えられるようになったとき、寝返りを打てるようになったとき、お座りもハイハイも、昨日→今日→明日とたくさんの「できた」を成し遂げていく赤ちゃんは、可能性に満ちた一瞬一瞬を生きているのです。大人のモノサシで、成長期の子どもを測ることはできません。

「生まれてきてくれて、ありがとう」と思うのは、まさにこうした生命の輝きにふれたときなのでしょう。

私たちは親として子どもの大切な瞬間に立ち会って、感動とパワーをもらえます。

人生の足腰を鍛えるとき

「ベビーカーは使いませんでした。散歩はダッコかオンブです。歩けるようになってからは手を引いて歩かせました。そのためか、めったに病気をしません」

高井パパは、身体を鍛える方向性で長男と関わりました。時間が許すときは、おぼつかない足取りの息子の手を引いて、近所の公園に出かけます。歩調を合わせてゆっくり歩き、草むらや樹木、昆虫などを指をさして見せました。

シンタロウくんは、目に入るやいなや手を伸ばしてつかもうとします。ヨモギやセリなど草花のにおいをかぎ、口に入れて味わい、植物や昆虫の名前は実際にふれて遊んで覚えていきました。こうして身近な自然を全身で受けとめる日々を過ごします。

幼児の視線は大人より低く、地面の上のできごとに関心が向いています。アリの列やダンゴムシ、水たまり……何か見つけるたびに立ち止まってしゃがみこんでしまいます。虫の動きを追って、木々の茂みに入りこむこともしばしばです。パンくずを持って川辺に行き、水鳥に投げかけることもありました。

「日頃外で遊んでよく身体を動かしていたためか、とても丈夫です。急に熱を出しても、あっという間に治《なお》ってしまいます」

シンタロウくんはたまに病気をしても大事になることがなく、感染症にかかっても治りが早く、深夜の急な発熱もたいてい翌朝には平熱に戻っていました。野山をかけまわり五感を通して遊ぶ日々が、文字通り足腰を鍛えました。この数年後、シンタロウくんは子ども山岳マラソンで優勝を果たします。

「子どもが持つポテンシャルには、目を見張っています。幼いときに足腰を鍛えるのは、精神的にも強くなってほしいと願うからです。頑丈《がんじょう》な足腰に支えられていろいろな経験を積みあげられるのだと思います」

心の免疫力を高めてストレスに強くする

パパが帰宅すると、幼いシンタロウくんが玄関に駆け寄ってきます。夕食を待つあいだ、お父さんの膝にのって遊びをねだってきます。

「寝ついたあとによくムニュムニュ寝言をいっていました。うふふ、うふふって、眠りながら楽しそうに笑っているんです。親をハッピーにしてくれる子でしたね」

幸福感と身体の丈夫さには、相関関係があります。体調のよいときは気力が充実して意欲的になるものですが、疲れたときや病気のときは意気消沈してやる気も衰《おとろ》えます。丈夫であれば、心も元気で幸せです。それだけではありません。幸福感に満たされた子はしっかりとした自己肯定感を持ち、たくましく生きていく力、つまりレジリエンスが養われます。

レジリエンスは、日本語では「精神的回復力」を意味します。ストレスでへこんだとき、困難に直面したとき、挫折《ざせつ》することがあっても、自らが置かれた状況にしなやかに対処し、それをバネによりいっそう成長していく力を指します。

冬の寒さのなか、降り積もった雪の重みでしなった若竹が雪を払い落として、また大空めざしてまっすぐに伸びあがる姿に重なります。逆境でいっとき落ちこむことがあっても、それを糧《かて》によみがえって成長していく不屈の精神は、レジリエンスのたまものです。


子どものレジリエンスは、養育者と安定した関係を結ぶことで養われます。いつもそばで見守ってくれる存在が、自分が愛される価値のある人間であると子どもに教えます。これが自信を持たせ、自己肯定感を高めるのです。

丈夫になるのは、身体の免疫力《めんえきりょく》だけではありません。心の免疫力、すなわちレジリエンスも愛情豊かな家庭で育《はぐく》まれる力です。そうした環境では、苦難と闘い、挫折を体験することがあっても、トラウマにならず、むしろ子どもの心が鍛えられます。転んでも失敗しても、また立ちあがってチャレンジできるたくましさです。

楽観的な自己肯定感と自尊心は心の免疫力を高め、ストレスに強い子を育てていきます。

子どももらう幸せと学び

「僕にとって子育てのキーワードは、今までの人生では得られなかった幸せや学びがあるということですね」

こう語るのは、一級建築士の星野諭さんです。星野さんはプレイワーカー（遊び場づくりの専門家）でもあり、子どもたちの遊びと町づくりのために非営利活動をおこなっています。現在、都心のマンションで妻とともに三歳の長男を子育て中です。

「僕は大自然に恵まれた環境で生まれ育ちました。今は都会暮らしなので、息子を自然のなかで遊ばせてやれませんが、その代わりに遊びのワクワク感を伝えています」

都会では木のぼりしようにものぼる木がなく、あっても木のぼりは禁止されています。そこで星野パパは、自分が子ども時代に遊びで味わった楽しさを、形を変えて伝えています。雑草や電柱など、身近にあるものを遊びの材料にするのです。階段の手すりを見つければ、それだけで一〇〇種類の遊びをつくりだせるといいます。

外遊びは、星野家の子育て方針の中心柱です。毎日外で遊びます。そのおかげで長男は遊び上手です。自由で活発、感性豊かで人一倍元気です。

「休みの日はいつも片づけです。うちの子はダイナミックに遊ぶので、家のなかもすぐに散らかっちゃうんです」

星野さんは、高校時代から障害児のためにボランティア活動を続けてきました。ボランティアで培《つちか》ったプレイワーカー経験が、自分が子育てするときに役立つと思っていました。ところが、実際に子育てしてみると、予想とは逆で、わが子から学んだことがプレイワーカーの仕事に生かされているといいます。

「子どものときは、川で魚を釣って、廃墟に隠れ家をつくったこともあります。内緒でネコを飼って、自分たちで釣った魚をやって育てていた。あの楽しさ、自由な思いを都会で再現したいですね。ですから、僕にとって息子は学びあい遊びあい、幸せを分けあい、お互いを成長させてくれるパートナーです」

育児ストレスを一掃する方法

「子どもを育てているからこそ学びがある……」にこやかに話す星野パパですが、結婚五年目に子宝を授かるまでは、夫婦で紆余曲折《うよきょくせつ》をのりこえてきました。妊娠をきっかけに二人の絆はさらに強くなり、出産に備えてお互いにマッサージをおこない、お腹の子にいつも話しかけていたそうです。

「わが家は、奥さんの希望で自宅出産にしました」

いざというときに駆けこめるように、近所の大病院に相談し、準備万端整えたうえで自宅出産に臨《のぞ》みました。助産師さんと星野パパで力をあわせて、赤ちゃんをとりあげました。

「だから、ホントに日常のなかに誕生してきたって感じです」妻が起きあがるまでは、おっぱい以外の世話をすべて新米パパが引き受けました。

「一年目はたいへんだった」と、星野さんはふり返ります。「二人とも仕事しながらですから、二人して忙しくて二人して大変だった……。多いときは一時間おきの授乳で、奥さんもほとんど眠れない。生活が子ども中心にまわっていて、こっちが散らかっている、またあっちで泣いているって、世話と片づけに追われて休めないし、眠りたくても眠れない」

育児の負担をどうシェアしていけばよいか……。考えて行き着いたのは、時間に追われているからではなく、自分主導で決められる時間がないのがストレスになっているという気づきでした。そこで妻のため、ひいては息子のために、短くても妻が自分ですべて選択できる時間をつくりました。

「朝起きての一時間半は、子どもは僕と一緒に過ごすことに決めました。夜の一時間半も僕と一緒です。朝はステキなこと、たとえば創作遊びをやろうっていって公園につれていきます。夜は、お風呂に入れるのと寝かしつけです。仕事が片づいていないときは、寝かしつけてからとりかかります」

朝と夜の合計三時間をママにプレゼントしたことで、星野家に漂っていたストレスの影が一掃されました。パパがイニシアチブをとって育児の負担をシェアしたおかげで、ママのストレスが軽くなったのです。この決断は、子どもの心の育ちと家族のまとまりに大きく影響していくことでしょう。

稼ぎ手以上の存在に

矢野パパの手料理、高井パパのチャレンジを大切にする育て方、星野パパが貫く毎日の外遊び……、こだわりどころは違いますが、根っこの部分は同じです。すべて子どもを丈夫で元気に育てるための道なのです。

心と身体の健康は、成長の第一条件です。男の子だから、女の子だから、という性別はありません。昔は精神的な強さは成長にしたがって自然に鍛えられていくと思われていましたが、現代はそうではありません。

心身の強靭《きょうじん》さは、日頃の周囲の人との関わりあいのなかで、切磋《せっさ》琢磨《たくま》されるからです。大家族や近所の人たちで助けあいながら子どもを育てていた人間環境が失われた現代、子育てはお母さん一人の手にゆだねられています。ここにお父さんが加われば、四本の手と四つの目で子どもを育てられます。子育ての苦労と責任をシェアして、夫婦間のコミュニケーションが良好であれば、ストレスは吹き飛んでしまうでしょう。

それは子育てのストレスとプレッシャーが、喜びと共感に変わるときです。こうして育児に参加する男親は、家族にとって稼ぎ手以上の存在になっていくのです。

第3章　子どものＩＱを高めるパパ・イニシアチブ

父親の役割は子どもの頭を知恵で満たすこと

西インド諸島の国バルバドスでおこなわれた八歳児を対象にした調査では、父親が子どもの生活に積極的に関わると、学業成績が改善するという結果が出ています。この場合、父親が子どもと一緒に暮らしていてもそうでなくても、子どもにきちんと関わっていれば同じ結果になっています。すぐそばにいなくても、父親の存在感、すなわちパパとの心の絆《きずな》で精神的に安定しているためと考えられています。

イギリスのシンクタンク、ファザーフッド・インスティチュート（Fatherfood Institute）の研究では、父親が誕生直後から育児をしっかりサポートしている場合、生後七ヵ月と三歳の時点で、子どもの言語発達がよりよく、より高い知能指数（ＩＱ）を持つようになるという結果が示されました。

アメリカの調査でも、就学前の知能テスト（ＩＱテスト）で、赤ちゃんのときから父親にかわいがられて育った子は、そうでない子より高い得点を上げることがわかっています。

父親が子育てに主体的に関わると子どものＩＱが高くなるという一連の調査結果を背景に、カナダ政府は「父親の役割は子どもの頭を知恵で満たすこと」にあると提唱しています。そして国内の父親たちに子どもの成長に積極的に関わるようにすすめています。

さらにパパ・イニシアチブのメリットとして、子どもの社会性や人間関係能力の発達、認知力、問題解決力の向上をあげています。そして、学業成績の向上によって、より上級の学校に進学できることをなにより強調しています。

●カナダで発表された
パパ・イニシアチブが子どもに与える好ましい影響

・子どもの社会性が発達する
・子どもの人間関係能力が発達する
・認知力や問題解決力が発達する
・子どもの学業成績が向上する
・より上級の学校に進学する

子どもの学力向上に一役

ユニセフでは、男親が子育てにおいて果たす役割をテーマに、世界各地で多彩な研究をおこなっています。いずれの調査でも、子どもの育ちに関心が高い男親のもとでは家族の幸福度が高く、子どもは情緒的に安定し、身体的に健康で、学力が向上するという結果です。男親の存在感によって、子どもがめざすべき方向性と目標が身近で示されているためでしょう。

もともとパパ・イニシアチブは、未来の父親となる青少年や成人男性を子育ての担《にな》い手に教育するプログラムの名称です。

ペルーでこのプログラムに参加するキスペさんも、娘と過ごす時間を何より楽しみにしている一人です。毎日の厳しい労働を終えると、その足でデイケアセンターに娘を迎えにいって家路につきます。

その日センターで習ってきた歌を二人で歌いながら歩き、跳《と》んだりはねたりで笑いあうこのひとときを、三三歳の父親として何より大切にしています。

娘を連れ歩く姿を、「(子育ては)女のすること」と近所の人にからかわれることも少なくありません。そういうときは、堂々と陽気に応じます。

「一緒に物語を読んだり、冗談をいうことで、子どもが賢《かしこ》く育つのさ」と。

くっつくと気持ちいいパパの背中。
広くて安心感が生まれます

同じプログラムに参加する別の父親も、子どもに勉強を教えるときは、子どもの好奇心を生かせばいいと語ります。そうすることで、子どもはよく学ぶようになるからと微笑みます。

家族に囲まれ、父親にかわいがられている子どもは、心が安定してストレスに強くなります。それゆえ持って生まれた能力が、伸びるのでしょう。子どもらしい夢や未知への探究心、冒険心を伸ばして自主性を尊重する接し方は、パパだからこそのやり方なのでしょう。

子育て主夫を選んだ東大卒エリート

文京区に住む堀込泰三さんは、東大卒のイクメンです。子育て体験を本にして出版しています（参考文献で紹介）。長男が生まれたときは大手自動車メーカーに勤務していましたが、現在は二人の男の子を育てながら、フリーランスの翻訳業に勤《いそ》しんでいます。

堀込さんの楽しみは、夏の一ヵ月間、子どもたちを連れて旅することです。以前手がけていたエンジン開発もやりがいのある仕事でしたが、現在の翻訳業とライター業も自身のライフスタイルに合った職業と自負しています。その理由は、毎夏子どもたちと冒険の旅に出かけられるからです。

堀込さんの場合、人類遺伝学の研究に没頭する妻に代わって子育てを引き受けました。東京大学大学院を卒業後、自動車メーカーに入社して結婚。めでたく男の子が誕生しました。このとき会社の「人事関係規定集」を調べて、最長である二年間の育児休暇を取得します。

その後、妻のアメリカ留学が決まり、長男を連れて三人で渡米します。堀込さんの育児休暇はアメリカ滞在中に終了し、妻子を残して単身帰国します。仕事のブランクを克服し、無事に職場復帰を果たしますが、子どもと離れた生活が寂しくてたまりません。

四ヵ月後、大企業の研究開発エンジニアの職よりも妻子との生活を選んで、退職します。日本での勤務を優先すれば、アメリカにいる妻や息子と離れて暮らすことになります。家族と一緒に暮らしたい……息子の成長を間近で見届けたいという思いは、堀込さんに子育て主夫の道を選択させました。そして、自分の手で子どもを育てるために、あえて場所と時間の制約を受けない仕事を選んだのです。

現在の堀込一家は留学を終えて帰国し、パパの役目は子育て主夫から自宅勤務のフリーランス業へと変わりました。家庭のなかでは、掃除と洗濯は妻の役割、食事の準備は夫の役割と、二人で家事を分担しています。

しかし息子たちの子育てについては、第一責任者として強く自覚する堀込パパです。

旅で教えるセンス・オブ・ワンダー

フリーランスの翻訳者でライターという職業は、パソコンとネット回線があれば、場所を選ばず仕事ができます。そこで堀込さんは、この三年間は夏に東京を離れて、二人の息子と旅に出かけています。

沖縄、奄美《あまみ》大島《おおしま》、屋久島《やくしま》、八重山《やえやま》諸島などで思いのままに過ごす、一ヵ月間の長期旅行です。あらかじめ計画を立てるのでなく、その日の気分でまわります。自由な旅ですが、子どもの発熱やケガはつきものです。季節的に台風など天候の急変もあり、トラブルは避けて通れません。

しかし、この旅から得る学びは、貴重です。

南の島の大自然を相手に、子どもたちは都会でできない体験をします。朝から晩まで親子でたっぷり遊び、いつもと違うたくさんのものを見聞きできます。

「旅行中のあるとき、長男が魚の図鑑がほしいっていうので買いました。実物を見たあとだと、より興味がわくようです」

魚を見て、実際にふれて体験したあと図鑑で確認をとるのです。暗記した知識はすぐに忘れてしまいますが、体験は一生残ります。子どもの脳は、経験によって成長します。体験と知識とでは、情報量も学びの質も根本的に異なります。成長まっただなかの子どもたちは、自然界のしくみを身体で覚えていきます。

人が生きていくために経験は欠かせません。何かことを成すには、知識だけではできません。それを子どもに教えるのが男親なのでしょう。そして、パパをお手本にしてもらうために、前提になるのは親子の信頼関係です。

堀込親子の旅は民宿やバンガローを転々とし、ときには一ヵ所に長期滞在もします。食事は、できる限り自炊です。自分たちで手に入れた食材を、自分の手で調理しているのです。

大自然がもたらす教えは、無限大です。旅のセンス・オブ・ワンダーは、子どもたちの感性を磨《みが》き、たくましく成長させてくれます。

「たまに、今夜の宿が決まってないなんてこともあって……」

旅の秘訣は直感に身をゆだね、トラブルを楽しむべき……。トラブルも楽しみながら切り抜けます。これこそ、男親ならではの子育ての極意《ごくい》です。

毎年の父子冒険の旅に、妻の美苗さんも夏休みをとって合流しているそうです。

習いごとの選び方

家族を大切にするライフスタイルを貫《つらぬ》く堀込家は、ともに高学歴カップルです。パパは東大工学部で学び、大学院を修了しました。ママも、東大所属の研究者です。周囲の人たちは、親として当然息子たちにも高学歴を望んでいると思いがちです。そこで堀込さんにうかがいました。

――お住まいは日本有数の文教地区。子どもにお受験や中学受験をさせる家庭がほとんどです。堀込さんは、お子さんの教育をどうお考えですか。

「本人次第です。長男は今はまだ何もいってません。ですが親としては、公立の学校に通わせたいと思っています。でも、もし受験したいといったら一年待ってみましょうか。望まなければ、それでいいいし。やりたいことを自分で見つけられれば、それがいちばんですから。日常のことも、やりたがることはなるべくやらせています」

公立小学校に通わせたい理由は、私立と違って、公立学校にはさまざまな家庭の子どもが集まっているためです。そこでの出会いや経験は、多様性に富む豊かなものになるからと堀込パパは語ります。個性や文化や人種の違いに寛容な子に育ってほしい、との思いがこもっています。

「公立には、その地域の家庭の子どもたちが集まっている。私立と違って選ばれていない。私立学校にもいろいろな人がいますが、それも選ばれたなかのいろいろです。それこそ、さまざまな人とふれあいながら成長してほしい。親である自分が持っている価値観に合う子になってほしいですね」

——子育ての方針は、どのようなものですか。

「親の仕事は、子どもが自分の好きなことを見つけられるように、いろいろなことを経験させてあげることだと思っています」

自分で好きなことを見つけてほしい。

「それで、旅ですね」

自然にふれる。島の人々と交流する。トラブルに臨機応変に対応する。それこそ体験したすべてが血となり肉となり、知恵と生きる力として人間的な総合力に結集されていきます。

子育ての方針は、自然流でこだわりがありません。

ところが、習いごとになると話が変わります。堀込パパは子どもの習いごとに対しては、それなりのポリシーを持っています。


——習うからには、長く続けること——


「ですから、習いごとは半年ぐらい『やりたい』っていいつづけられたら、やらせます」

長男が習っているピアノとトランペットは、一年間ようすを見たうえで決めました。やってみたいと子どもがいって、その後一年経ってもやりたいといいつづけたので習わせることにしました。習いごとには、自発性と自主性を何より重んじています。

「絵本の『あめのひのトランペット』を好きで読んでいて、ある日突然やりたいっていいはじめたんです。親にいわれてとか、楽器を買ってしまったから続けさせるとか、外から求められるのでなく、自分がやりたいから続ける。そういう思いを大切にしています」

トランペットは、七〇代のベテラン先生から習っています。一緒に教わるメンバーは、高齢の女性と二〇代男性、七歳の堀込ジュニアです。異なる立場の異年齢からなる教室では、学校では習えないたくさんのことを経験できます。

学校の勉強は、文部科学省や学校の方針に沿っておこなわれます。これは親の側から決められない勉強です。しかし習いごとには、親の考えや家庭の教育方針を直接盛りこめます。習いごとの選び方は、その家庭が重視する価値観や子育ての方針をそのまま形にできるものなのです。

父親が学校に関わるメリット

蕨《わらび》市で五人の子どもを育てるイクメン平野さんは、小学校のPTA活動にも時間を割《さ》いています。SOHOビジネスと、家事、育児の合間に、PTA役員として定期的に子どもたちが通う学校に足を運びます。

最初は持ちまわりでクラス委員になったのですが、男性の力を求められてPTAの上部団体の執行部役員に抜擢《ばってき》されました。女性役員のなかの紅一点として、いちだんと責任の重い役を任《まか》されています。

「五人いるので、上の子が卒業しても下の子が入学してお世話になっていくわけです。長いおつきあいですから、何かできることがあれば協力したいですね」

親として、子どもたちが勉強している環境をよく把握《はあく》しておくことは大切です。

「役員をやっていると学校の情報が早めにわかるので、家庭での準備が楽だし、仕事の予定もたてやすい」

理事会では、保護者としての意見を学校に直接伝えることができます。何よりうれしいのは、子どもの友だちのお母さんたちとよい形で親しくなれることです。

前出のイギリス、ファザーフッド・インスティチュートの調査では、学齢に達した後も、男親がしっかりと関わっている家庭の子どもでは、認知力や学力が高いという結果です。

また、父親が子どもの通う学校に関わると、子どもの学業成績によい影響が出るという調査結果もあります。アメリカでは、父親が学校に関与する度合いと子どもの成績の相関関係が調べられています。その結果をもとに、ＰＴＯ（日本でいうＰＴＡ）では、生徒の父親たちに学校活動に関わるようにすすめています。

成績が上がるかどうかは別にしても、わが子の学びを見守り、学校に関わって教育環境の整備に努めることは、親の役目のひとつでしょう。ＰＴＡの役員でなくても、父親参観や運動会などはなるべく時間を融通《ゆうずう》して子どもの学校に行っておきたいものです。

外遊びをすると応用力がつく

次は東京郊外で暮らす、高井家です。

東京は大都市ですが、郊外は自然豊かな環境です。小学生になったシンタロウくんは、山や川辺に出かけて虫捕り三昧《ざんまい》の日々でした。そんなある日、テレビで全国模試（模擬試験）のコマーシャルを見かけます。

「同じ年頃の子たちが楽しそうに笑っている映像を興味津々《しんしん》で見ていたので、『シンタも受けるか？』って聞いてみました」

模試が何かよくわからないまま、シンタロウくんはこくりとうなずきました。

模試の後、しばらくすると結果が送られてきました。郵便を見た高井パパは、声を上げそうになりました。三〇〇〇ほどの分母の上にあったのは、「1」という数字だったからです。

模試を主催した学習塾は、保護者を招いてマンツーマンの懇談会《こんだんかい》を開きました。高井パパを面接したのは、塾のセンター長でした。

「おめでとうございます！　実にすばらしい成績ですよ。お子さんはどこの塾に通われていますか？」

「いいえ、塾には行っていませんが」

「では、家庭教師についているとか……」

「そんな……、とてもとても」

この全国テストは算数の問題がむずかしく、この地域の子どもたちは最後の難問をほとんど白紙で出していました。そんななか、シンタロウくんは解答欄のまわりに、考え方の道筋

自然のなかにはたくさんのチャレンジが用意されている

① 木があれば
のぼりたくなる

② 木のぼりが
上達してくると……

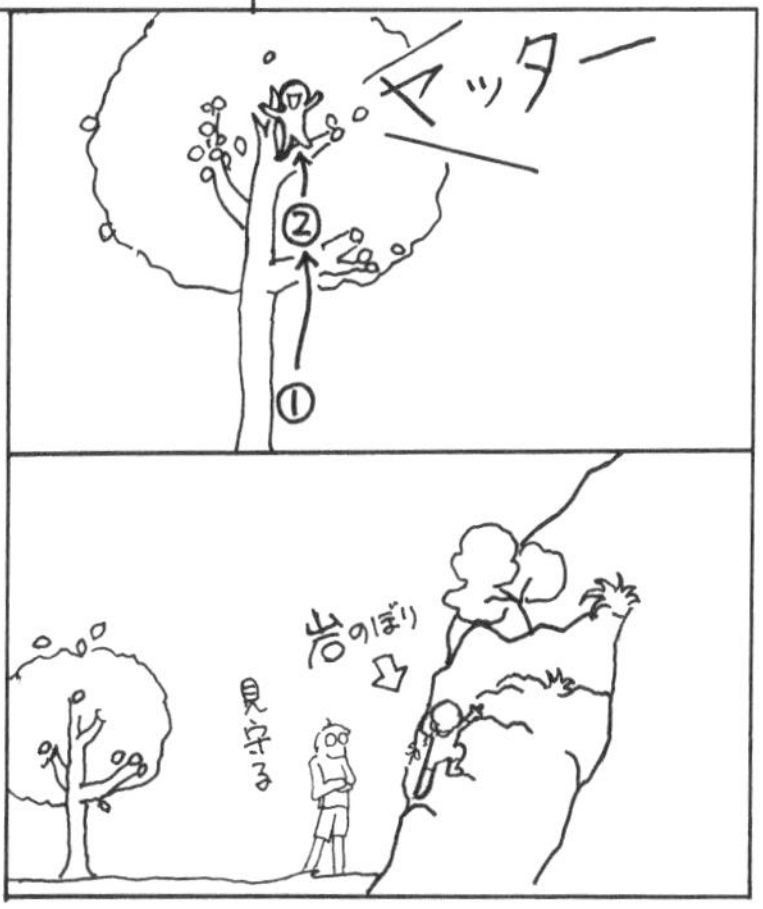

③ てっぺんを
めざしたくなる

④ いつの間にか
次の目標に向かって
がんばっている

達成感と自己肯定感が次のチャレンジを生みだします。この積み重ねがガッツとレジリエンス（精神的回復力）を育みますや計算のあとをびっしり書きこんでいたとセンター長が説明します。

「最近の子はすぐに諦《あきら》めるのですが、よくくらいついている。私はこのガッツを評価しますね。お子さんにガッツを持たせる秘訣は何でしょうか」

ほめられて悪い気はしません。センター長の質問に、高井さんは真顔で答えました。

「自然のなかで、思いっきり遊んでいることだと思います」

生きて動く昆虫を捕らえるには、自分の目で観察して考え、実行する力が必要とされます。こうした体験は、算数の応用問題を考える姿勢に通じたのでしょう。

「どうですか、お子さんをこの塾に預けてみませんか」

センター長の誘いに、高井さんはお母さんに手を引かれて塾に通うシンタロウくんの同級生たちのつまらなそうな表情を思い出しました。これまでシンタロウくんには、塾通いよりも友だちとの遊びを優先させてきました。たまたまよい成績をおさめたからと、その方針を変える気にはなれませんでした。

「いずれは勉強しなければならない時期がくると思います。ですが、今は元気にたくましく育ってもらいたいと思います」

高井パパが選んだのは、子どもを野山で自由に遊ばせることでした。

父親の冷静さで勉強ストレスを緩和する

元祖イクメンの矢野パパのもとでは、子どもたちが中学受験に挑戦しました。学生時代、矢野さんは「受験の神様」と呼ばれる評判の家庭教師でした。矢野さんが指導する生徒がみんな第一志望の大学に合格したことが噂《うわさ》になり、翌年、翌々年と家庭教師の予約が次々舞いこんでいたほどです。

「それなのに、自分の子どものときは、そうはいかなかったんですよ」

大学時代に培った家庭教師の経験が、子どもの受験の役に立つはずでした。それにもかかわらず、上の女の子も下の男の子も第一志望に受かりませんでした。

――受験の神様と呼ばれていた頃と、お子さんの受験のときでどこか違いはありましたか？

「んー、そうですね。あの頃は生徒さんを任されると、その子の性格や、得意・不得意の適性を見極《みきわ》め、志望校の入試傾向を研究したうえで、一人ひとりのニーズに応じて冷静に勉強計画を立てて指導しました。ですから、勉強をみている子によって教え方を変えていました。それが、自分の子となると、冷静でいられないんですね。小学生相手に感情が入ってしまって、『なんでこんなことがわからないんだ！』って思ってしまう……」

どうやら毎日わが子の世話するうちに、感情移入しすぎてプレッシャーをかけてしまったとふり返ります。

知りあいの進学塾講師にたずねると、塾の現場の実感として、男親が子どもによく関わっている家庭のほうが受験に成功する傾向があるそうです。

「お母さんだけだと、感情が優先してお子さんにプレッシャーをかけがちです」

誰にでも覚えがあるはずです。感情的なプレッシャーがかかると、本来の実力を十分発揮しづらくなるものです。そうとわかっていながら、わが子によりよくあってほしいと望むのが親心です。


アメリカ、シカゴ大学准教授のシアン・バイロック博士は、こうした感情と思考のあいだの関係性を確かめるために、実際の脳の働きを調べました。特殊なＭＲＩを使って被験者の脳内画像を観察したところ、感情が思考の足を引っ張るようすが見て取れました。扁桃体《へんとうたい》が発する感情的な神経情報が、前頭葉がおこなう思考作業を妨害していたのです。これがプレッシャーの生理現象です。

心理的なプレッシャーがかかると本来の能力を発揮できなくなる例は、他の調査でも確認されています。子どもの受験においても、かわいさあまって期待をかけすぎると、それが勝負の結果をマイナスに導いてしまうおそれがあるのです。

本人が主体的に臨《のぞ》む高校受験や大学受験と違い、中学受験は親力が大きく影響します。男親には、理性と感情の手綱をうまくさばいて子どもに関わる冷静さが求められます。子どもが中学受験に挑戦するときは懐《ふところ》を大きくし、のびのび存分に実力発揮できるムードづくりに努めたいものです。

お父さん子は勝負に強い

さて、第一志望ではなかったものの、矢野家の子どもたちは無事に私立中高一貫校への入学を果たしました。ところが、その後に長女がとった行動は、パパ育で育った子どもならではの展開となりました。

長女は合格した私立校に三年間通い、高校は別の公立校を受験したいといいはじめます。中学受験は親がかりでしたが、高校受験では自主性を発揮したのです。受験の決意、志望校の選定、受験勉強、すべて自分で考えて決めました。そして一人で挑《いど》んで、第一志望校への合格を果たします。

「親としてできたのは、見守ることだけでした」

自立できる子に育ってほしいという思いが、いつのまにか叶《かな》っていました。パパっ子で育った矢野家の長女には、自分の道を自分で決断して努力する姿勢が、きちんと身についていたのです。

母親だけでなく父親もしっかり関わって育てた子どもは精神的なバランスがよく、ストレスにも強くなります。周囲に流されず自分の意志を貫いて目標を成し遂げる経験は、社会に出てからもきっと生きてくることでしょう。

勉強においても子どもの自主性を尊重し、子どもらしい夢や探究心を触発するのは、男親だからこその接し方なのです。

第4章　イジメをかわす力、思春期をのりこえる力

わが子自慢に夢中の明治パパ

明治初期に日本を訪れたイギリスの紀行作家イザベラ・バードは、東北・北海道、関西地方を旅して旅行記を書きました。彼女の紀行文は、欧米人が見た当時の日本を知る手がかりとして、貴重な文献です。

日本人にはあたりまえすぎて、とくに取りあげるまでもなかった庶民の日常が旅行記の随所に取りあげられています。そのひとつが、子育て談義に勤《いそ》しむ明治の男衆です。

バードは、近所のパパたちが子どものお守《も》りがてら井戸端会議に興じる光景を書きとめました。一家の主婦が朝食の仕度に手をとられる早朝、男たちは赤ん坊を腕や膝《ひざ》に抱き、路地の縁台《えんだい》に集《つど》ってわが子自慢に夢中です。

話している内容も、子どもに歯がはえたの、やっと立ちあがったのと、こと細かに成長具合を把握《はあく》しているようです（バードは日本人の通訳を雇って旅に同行させていた）。縁台のまわりを、男たちが連れてきた幼い子どもたちがキャッキャッと駆けまわっています。

壮年の男たちが幼児を遊ばせ、赤ちゃんをお守りをしながら集うさまは、当時の欧米人にとってぜひとも書き残しておきたい光景でした。夕食のお膳《ぜん》でも、家事に忙しい女親に代わって、男親が子どもを膝の上にのせて遊び相手をつとめます。わが子を目に入れても痛くない明治パパの家族団欒《だんらん》のひとときに、バードは憧憬《どうけい》のまなざしを向けました。

同時代の他の欧米人による訪日記録にも、わが子を連れ歩く男たちが描かれています。当時の欧米人にとって、子守りする男親は、それほど珍しかったのです。それに比べ、日本側の記録には男の子育てを取りあげた記述はほとんど見あたりません。とりたてて話題にするまでもない日常は、わざわざ記録に残す必要はなかったようすです。

男も主役の日本伝統の子育てスタイル

さかのぼって調べると、江戸時代にも男たちが子育てに深く関わっていた記録があります。『桑名《くわな》日記』『柏崎《かしわざき》日記』は、江戸末期の桑名藩下級武士、渡部平太夫《わたべへいだゆう》と養子の勝之助《かつのすけ》親子の手による文通日記です。桑名藩内（現在の三重県）に住む父親と、柏崎（現在の新潟県）に赴任《ふにん》した息子が、日々の出来事をこと細かに手紙に綴《つづ》ってやりとりしています。

この日記に見られる下級武士の日常は、女親よりむしろおじいちゃんやパパのほうが、こまごまと子どもの世話をやいています。親戚や近所の大勢の人に囲まれたにぎやかな環境で、子どもたちはかわいがられて育っています。

さらにさかのぼると、江戸中期の女性向け教育書、『女大学』があります。儒学者《じゅがくしゃ》の貝原《かいばら》益軒《えきけん》が既婚女性の生活心得を説いたこの本には、妻は夫に従い家のために子どもを産むこととの記述が見られます。

しかし、産むのは妻の役目とされていますが、生まれた子どもを育てるのは夫と妻（子どもの父母）の二人です。そして、この書物をよく読むと、子どもの教育の責任は、どちらかというと父親側に置かれています。

江戸末期から明治にかけて日本を訪れたイギリス人写真家フリーチェ・ベアトが撮影した写真にも、赤ちゃんをオンブして弟妹の手をひく幼い子どもや、子守りのねえやの姿が見られます。江戸や明治の昔から昭和初期までの炊飯器や洗濯機がなかった時代、大名《だいみょう》や公家《くげ》、豪商は別格ですが、庶民の主婦が一日の時間をほとんど家事に費やしていたことは容易に推測できます。

子どもをオンブして働く母親ももちろんいましたが、同時に地域社会が子どもの面倒をみていました。近所の人や親類縁者のみんなで子どもを育てていた昔の日本では、主婦が忙しければ、他の誰かが小さな子どもの世話をしていたのです。もちろん男親も積極的に子どものお守りをしていました。

片親育児は非常時モード

変化は、戦争の足音とともに始まります。

昭和初めに勃発《ぼっぱつ》した日中戦争によって、男たちは家庭を離れて戦場におもむきます。子どもの世話は、残った妻たちに任されました。戦地に向かった男たちを、女性たちが後ろから支える銃後の守りです。

そして、第二次世界大戦が終結すると、男たちは遠い戦地から引きあげてきます。しかし戻った先は、家庭というより職場という名の新たな戦場でした。焼け野原となった日本は、復興めざして経済戦争に突入したのです。

その後、戦後復興を果たし、続く高度経済成長期、国は家事に専従する妻を持つ夫を税制面で優遇します。男が外で働き、女は家で夫を支える世帯を増やすことで、生産効率を向上させるねらいでした。こうして日本は戦争の痛手から立ち直りました。

男の役目は外で稼ぐこと。女は働く夫を支えて子どもを産み育てること。子育てする能力は遺伝的に女性にのみ与えられたものとされて、母性が強調されました。

「ご近所の力」が消えた結果

ふり返ってみると、戦後約七〇年として、母親だけで子どもを育てる非常事態が八〇年ほど続いています。大黒柱として一家を支えていた父親が、家庭から姿を消して、ひとつの家系で三世代から四世代が入れかわった計算です。それでも子どもたちの社会性に極端な偏《かたよ》りが生じなかったのは、「ご近所の力」が生きていたためです。

ご近所とは、つまり地域社会。隣近所に住むご隠居《いんきょ》さんや少し年上の子どもたち、老いも若きも男女を問わず、多様な人たちがその地域の子どもの育ちに関わり、ほめたり叱《しか》ったり面倒をみていたのが戦後の昭和でした。

どの地域社会にも、子どものいたずらを厳しく叱るおじさんがおり、叱られて泣く子をなぐさめるやさしいおばあさんもいたものです。血縁があってもなくても、区別なく子どもを育てあうゆるやかな関係です。ご近所と関わって育つ子どもたちは、対人関係能力が磨《みが》かれました。

最近は子どもが犯罪に巻きこまれる事件が続いたため、近所の子どもに声をかけただけで不審者騒ぎが起こりかねないせちがらさです。ご近所の力による共同しつけがうまく機能していた頃は、家庭で口うるさく言い聞かせるまでもありませんでした。子どもたちは多様な人間関係にもまれて、人を見る目を養い、他の人の立場に立って考えられる気配《きくば》りを自然に学べました。

地域社会が生きていた昭和の頃は、不登校や引きこもりはほとんど見あたらず、イジメっ子はいたものの、イジメから守ってくれる親分格の子どももおり、今のような陰湿なイジメが子ども社会ではびこることもありませんでした。

平成に入り地域社会が消えて久しい今、気づいてみれば子どもをめぐる問題が山積みです。とくにイジメと引きこもりは、長く続いた片親育児と無縁ではなさそうです。

自立できない子の現状

自立できない若者たちの存在が、社会問題になっています。

厚生労働省の「子供・若者白書」によれば、若年無業者、いわゆるニート（NEET: Not in Education, Employment or Training の略。もとはイギリスで生まれた新語。日本では働く意欲のない若者を指すようになった）と呼ばれる一五歳から三四歳の若者の数が国内で数十万人にのぼっています。働いておらず、家事手伝いも通学もしていない若者が、一九八〇年代から急激に増え、現在は横ばい状態です。

働かず学ばない若者の登場は、長年続いた雇用情勢の厳しさからきたものとされています。しかし、景気がよかったバブルの頃も、パラサイトシングル（生産年齢に達し、学卒後もなお親と同居し、基礎的生活条件を親に依存している未婚者と定義されている）がいつまでも親のスネをかじっていました。

国はニート対策として、小・中学校の義務教育にキャリア・プランニングの時間を設《もう》けました。各地で子ども向け職業体験テーマパークが誕生し、人気を博しています。ミュンヘンで生まれた地域社会の疑似《ぎじ》体験イベント、「こどものまち」も国内各地で開催されて、子どもたちに大好評です。

今の子どもたちは、幼いときから将来の職業を意識するように学校で指導されています。その甲斐《かい》あって、一〇代の若い年代にニート人口の減少傾向が見られます。しかし、それでこの問題を解決できたのでしょうか。減少傾向といっても、人口の〇・二〜〇・三パーセント程度の変化にすぎません。はたして若者の自立を困難にしているのは、社会の経済情勢や職業教育の不足だけなのでしょうか。

わが子をニートにしないために

ここで、日常生活に視線を切り替えましょう。著者がインターネットで見つけたサイト「ニートになりやすい人の特徴」は、Twitter に投稿された身近にいるニートを観察したつぶやきを集めたものです。

不特定多数の世間の声としてここに集まったキーワードを抜き書きすると、次のような生活態度が目につきます。

・過度のマザコン

・待っているだけの態度
・指示待ち人間
・自信を持てない
・打たれ弱い

「過保護」で「受け身」な印象です。さらに画面をスクロールして閲覧《えつらん》を続けていくと、次の言葉が出てきました。

・父親が子どもに無関心、母親が子どもに過干渉または過保護

つまり父親にかまってもらえなかった子が、その不足を補うように母親から過剰に世話されて育ち、運悪く自立できずニートになってしまうというのです。

父親不在の家庭なら誰でもニートになるわけではありませんが、本書冒頭に紹介した引きこもりの大学生は、父親が子どもに無関心な家庭で育ちました。母親は息子のために努力を惜しみませんが、それにもかかわらず、彼は外に出ようとしません。父親は、妻と子の苦しみから目をそらしたままの状態です。

父親が子育てに関わらない家庭に、ニートや引きこもりが生じやすいのであれば、「子育ては母親、外で稼ぐのは父親」という従来の子育て観を見直す必要があります。一定の経済水準を確保できているのであれば、子どもの成長に大切な時期は、父親も親として子どものために時間を割《さ》きたいものです。

子どもの怒りや攻撃性を抑圧していないか

子育てを母親に任《まか》せて数十年が経ちました。母の愛は、温《あたた》かな慈《いつく》しみで満ちています。しかしこの愛情は、子どもの将来の自立を意識する鍛《きた》える愛とは性格が異なります。お母さんの愛を丸ごと呑みこんで育った世代が持つ価値観は、やさしさと受容性が第一です。そして母親育児で育った人々がつくりだしたのは、危険を排除した過保護で安全な社会です。

近年の日本は、男性的な思考や視点、言動が支持されにくくなり、力強さやたくましさ、攻撃性が社会からフェードアウトしていく一方です。

やさしさ、思いやりといった女性性のよい面が世間を覆《おお》っているあいだはよかったのですが、世代を経るたび偏りが大きくなり、今では社会全体が過保護になっています。そのため、社会のあちらこちらに軋《きし》みが生じています。

怒りと攻撃性を運動に昇華させる

たとえば、スポーツチャンバラ。
スポチャンの剣はフワフワやわらかく、
それでいてヒットするとスパーンと爽快。
イライラがふっとんでスカッとします
（※頭部を守る面防具もあります）

布団やマットを重ねた上で暴れると
けっこうスッキリします

イジメ問題もその一例です。

怒りや攻撃性という生来の本能を「悪」として抑えこむ育児環境が、子どもたちの心にゆがみを生じさせているようです。イジメをやめさせようと学校や家庭が厳しく禁止するたびに、攻撃性が抑圧され、ゆがんだ形で表出しています。

攻撃性は、上手に誘導すれば、創造的な活動に昇華できる感情です。むやみに禁止し一方的な圧力をかけるだけでは、自然な本能である攻撃性がフタをされ、行き場を失ってしまいます。

精神的に手足を縛《しば》られた状態に置かれ、イジメを受けても反撃ができず、自殺に追いこまれる悲劇も生じています。

「イジメる・イジメられる」の輪に取りこまれない子どもに育てていくには、子どもの乱暴な言動や攻撃性を、おおらかに受けとめる男親の存在（パパ・イニシアチブ）が必要です。

わが子がイジメの標的になる

ここで、東京郊外で育ったシンタロウくんの体験を紹介します。

まず登場するのは、近所の芳樹くんです。芳樹くんはイジメっ子です。祖母が経営する幼稚園に通っていたので、いつも園で特別扱いを受けていました。幼稚園のサッカークラブのキャプテンでもあり、メンバー全員が彼の子分でした。

　幼稚園で王様だった芳樹くんは、そのまま地域の小学校に入学しました。そして入学一週間で、イジメを始めます。ねらうのは下校時です。標的は、彼が目障《めざわ》りに感じる同じクラスの目立つ子です。

　通学路は学校指定ですが、先生たちの目が届きません。待ちぶせて、標的にされた子の手足を元サッカークラブの子分たちが、押さえつけて動けなくします。そこに芳樹くんが得意のキックを放ちました。

　シンタロウくんも、餌食《えじき》の一人になりました。一緒に入浴する父親が息子のアザに気がついて、イジメが発覚します。クラス担任から連絡を受けて、芳樹くんの母親が学校に飛んできました。

「こんなにやさしい子が、そんなことするはずないでしょ！」

　芳樹くんが好きな遊びは、お母さんと一緒の塗り絵と折り紙で、いつも室内で静かに遊んでいると声を張りあげ、涙ながらにかばいました。おとなしい子だから、あえてサッカーをやらせた。だから、暴力なんて絶対にありえない！　ものすごい剣幕《けんまく》に、周囲は圧倒されてしまいました。

　芳樹くんが育ったのは、実質的な母子家庭でした。祖父は早くに他界し、祖母は幼稚園のオーナー理事長です。伯母《おば》は園長。父親も事務局長として忙しい日々です。一人っ子なので、平日は母親と二人きりの生活です。芳樹くんはお母さんの前では、望まれた通りにおとなしくしていたようですが、ふだんのいじわるで乱暴な言動は近所の人々もよく知るところでした。家族のなかに彼を叱る人はおらず、地元の有力者の孫なので、公道で乱暴を働いても注意する人はいません。学校側もことを穏便《おんびん》におさめようとするばかりで、問題はうやむやにされました。

なぜ、ひとりでイジメと闘えたのか

ほとぼりが冷めると、芳樹グループがイジメを再開します。標的は、以前と同じ子たちでした。シンタロウくんもまた狙《ねら》われます。

大人たちが目をつぶってくれることを習い覚え、イジメはエスカレートしていく一方です。身体が大きな芳樹くんと子分たちを前に、小柄なシンタロウくんはかないません。脚やお腹の青アザが消えることはありませんでした。

冬休みに入り、小学生になってはじめて迎えたお正月、シンタロウくんが学校に行きたくないといいはじめました。

成り行きを心配していた高井パパは、息子と真剣に語りあいました。すでに知っていることでしたが、改めて息子の口からイジメグループの名前を確認し、何が起きているかを聞きだしました。そして学区にあたる地元地図を広げ、学校指定の通学路の他に道はないか親子で一緒に調べました。調べてみると、大まわりするルートや、裏道をつないだ近道など、意外に多く見つかりました。

「よし、登校時間を早くしよう。帰りはお母さんに学校まで迎えにいってもらおう。学校に行きたくなければ休めばいい。お父さんが先生に電話する」

息子を守るための提案でした。

「よその家庭のことはわかりませんが、わが家は子どもの安全がいちばん大事なので、通学路を守る必要などないと考えました。学校も、加害者の親も、他の被害者も、何も対策をとらないのですから、違う道で登校するしかないでしょう」

ところが、シンタロウくんは首を横にふったのです。

「大丈夫。ボク、自分で頑張れる」

この反応に、高井パパはビックリです。「本当に大丈夫なのか？」とくり返し聞きましたが、シンタロウくんは、「もう大丈夫。一人でなんとかする」の一点張りでした。

その後のシンタロウくんは、学校を休むことなく毎日通いました。逃げ切れず、殴《なぐ》られ蹴《け》られて帰ってくることもたびたびありました。しかし、いつの間にか、芳樹くんの家より格上の地元の名士の孫と仲よくなっていたのです。

地元の有力者である祖母の威《い》を借りて乱暴を働く芳樹くんは、それより有力者の孫に手出しできません。この子と一緒にいることで、シンタロウくんは自分の身を守ったのです。クラスは別でしたが、待ち合わせをして一緒に登下校しました。

闘いは三年のクラス替えまで続きます。小学生のシンタロウくんが頑張れたのは、家族が自分を支えてくれていることを知っていたからでした。何があっても絶対に守ってくれる存在が、イジメと闘い、攻撃をかわす知恵を絞《しぼ》りだす原動力となったのです。

思春期を迎える子どもの親が心得ておきたいこと

わが子が思春期を迎える前に、親として心得ておきたいことがあります。危うい思春期を無事にのりこえるためには、守る愛（母性）と鍛える愛（父性）の両輪が必要です。

一般的に母の愛は子どもを守り、やさしく包みこみます。これはいつまでも子どもを手元に置いておきたいという願いを含みます。やさしさに包まれて安心して大きくなった子は、やがて守られるだけでは物足りなくなってきます。親という安全基地を足がかりに、外の世界に羽ばたきたくなる時期を迎えるのです。

主体性が芽生えるこの時期、母性的な愛の傘《かさ》の下にとどめおくばかりでは、自立のきっかけを失ってしまいます。チャレンジさせない家庭で育てられた若者たちは、「やさしいが指示待ち」「自分の頭で考え行動することに臆病《おくびょう》」と評されています。

一方、子どもを外に連れだし多少乱暴な遊び方をするのは、男親です。男らしさの言葉で連想するのは、力強さとたくましさ、リーダーシップです。仲間のつくり方、交渉のしかた、責任の取り方、戦い方など、外世界でのつきあい方を教える鍛える愛です。

両親のもとに生まれて同じ屋根の下に暮らしているにもかかわらず、生むのも母親、生まれた後も母親一人で育てるのはバランスが悪く、不自然に感じられます。

男親も幼いうちから子どもによく関わり、物事を見渡せる広い視野を子どもに教えておくべきでしょう。守り・鍛えるバランスのよい家庭環境が、思春期になった子どもの心を支えます。

男親の影が薄い家庭の場合

心理学的にいえば、男性性・女性性は、一人の人間の心のなかに同居しています。男女の別なく、誰もが心のなかに二つの側面を持ち、うまく使い分けて生きています。

人生にはリーダーシップや決断力を行使すべき場面もあれば、やさしく保護的な態度が必要になるときもあります。心のなかの女性性・男性性は、ゲームで使う持ち札《ふだ》のように、もろもろの生活シーンで自然に使い分けられているものです。

通常、子どもは親の言動や価値観をそのままコピーして成長するので、男親の影が薄い家庭の場合、女親の感性と世界観が子どもの心に刷りこまれ、受け継がれていきます。母親による片親育児が何世代も続くと、世代を継ぐたびに男性性が隅《すみ》に追いやられ、人生の選択や重大な判断を迫られたときの切り札は女性的なカードに傾きます。

学校に通うあいだは偏りがあってもなんとかなりますが、社会に出ると途端に暗礁《あんしょう》にのりあげてしまいます。

それでも、女の子は生来のコミュニケーション力とお母さんという身近なモデルのおかげで、男の子より有利です。同性の親は子どもにとって将来の自己イメージのモデルです。母親の価値観や生活感覚を身につけて、無理がなく、女性性の豊富なカードを使い分けながら人生を歩んでいけます。成人後も、子どもを産み育てる共通の体験で母親と関わりつづけて、精神的な安定を確保できます。

男の子はそうはいきません。もともと口下手でコミュニケーションが不得手です。そこにお父さんというモデルがすぐ側にいない生育環境に置かれていれば、家庭や学校の外の世界での生き方が学べないままです。

引きこもりやイジメは子どもからの問題提起

最近、心やさしく、男らしさに縛《しば》られておらず、恋愛に積極的でない、「草食系男子」が増えています。マーケティング・アナリストの原田《はらだ》曜平《ようへい》氏も「男子の女子化が進んでいる」とコメントしています。

成人式を迎えた若者の八割に交際相手がいないというアンケート結果もあります。交際相手がいないお年頃の男子たちは、恋人は欲しいけれど、どうすればよいか教えてくれる人がいないと、待ちの姿勢です。そしてさらに、彼女を持つのがわずらわしいと感じる男子も増えています。ひとりでクリスマスを過ごすクリぼっちも、他人と寄り添えない孤独な若者像を指す流行語です。

一方、経済界をはじめとする一般社会は、圧倒的な男性原理で動いています。女性性にすっぽりくるまれて成長した男子たちは競争原理に戸惑い、男性上司とうまくつきあえず、社会生活につまずく災難に見舞われることになります。

会社で怒鳴られて、自分が全否定されたように感じてしまう新入社員もいます。そのまま出社拒否に陥《おちい》りニート状態……というのもよくある話です。

このところ、海外に出向く留学生が減少していることも問題視されています。出不精なのは海外だけではありません。社会に出るのが億劫《おっくう》なニート、学校に行かない不登校、自室から出てこない引きこもり。さらに家庭内暴力やイジメなど、本来は好奇心と冒険心にあふれているはずの若者たちが、居心地のよい環境に安住して、見知らぬ世界に出かけなくなったのです。

こうした現象の底流に、男性性の欠如と内向きのゆがんだ攻撃性が見え隠れしています。やさしく守られるだけでは、自立の術は身につきません。ニート、引きこもり、不登校、イジメは、父親不在家庭に育った子どもたちが、社会につきつけた問題提起と思われます。

反抗期の子どもにどう働きかけるか

自立への階段を上りはじめる反抗期、女の子の母親ですら「もう、毎日が戦い！」とため息をつくほどです。あんなに親の後追いをしていた子が、ことごとく反抗してきます。ＬＩＮＥやインスタグラムで外の誰かとつながりたい思春期。社会性に目覚めるこの時期は、男親の出番です。

だからといって、思春期になってから子どもに関わろうとするのは無理があります。これまで培《つちか》ってきた人生哲学を子どもに伝授したいとき、近寄ってこない相手にどう働きかければよいのでしょうか。

子どもの耳を自分の言葉に傾けさせる準備は、生まれたときから始まっています。寝返りをうってハイハイをし、自分の足で立って歩いて、言葉やいろいろな力を獲得してきた成長の軌跡をともに過ごしたからこそ、むずかしい年頃になっても親の言葉に耳を傾けるのです。

自立に向かう子どもが助けを必要とするときに備え、それに応える土壌《どじょう》を家庭につくっておくのは親の側にしかできないことです。

パパと過ごしてその生き方にふれておくことは、子どもにとって、将来起きるかもしれない苦難に対処する力を受け継ぐことを意味します。男親の荒っぽい遊びを通じて、攻め方や身を守る術を学べます。

パパとのお出かけは、他人との協力のしかた、交渉のしかたや取りまとめ方など社会性を習い覚える機会になるでしょう。イタズラやケンカ、多少のケガも、パパが介在すれば、社会のルールとモラルを実地に学べ、問題解決の手法を培えるよい経験に転換できるでしょう。

こうした積み重ねが、アドバイスを聞き入れる親子関係を築いていきます。

ハイハイが始まってから、駆けっこができるようになってからでも十分間にあいます。この時期をしっかり見守っていけるのは、共通の経験で育んだ信頼の絆《きずな》ゆえのことなのです。

仕事人間を脱皮した父親

さて、仕事に追われて子どもにかまってこなかったパパたちは、小学生になってしまった
わが子にどのように接すればよいのでしょうか。

ここで、一人のビジネスマンのエピソードを紹介しましょう。

ある週末、私が主催する研修会に、スーツに身を固めた数人の企業人が出席してきました。
会は平常通りに進行し、午前の部を終えた人々が食堂に移動していたとき、一階ロビーで騒
ぎが起きているとの報告を受けました。

ようすを見に行くと、端整な容姿の四〇代男性が玄関から外に出ていこうとしています。
その前にかっぷくのよい年長のビジネスマンが立ち塞《ふさ》がり、引き止めています。

「帰ります！　帰らせてください」

切羽詰《せっぱつ》まった声で、四〇代男性がいい張っています。

「おいおい、ここに誘った僕の顔をつぶすのか」

年長のビジネスマンが、むっとしていい返します。この人は、仕事仲間を取りまとめて研
修に連れてきた人物です。帰る、帰さないと、どちらも引こうとしません。長年やってきた
なかで、途中で抜けたいという人ははじめてでした。研修中に何か不愉快なことが生じたの

ではと気になりました。

「何か問題がありましたか？　それとも……」

「いいえ。問題はありません。問題は、私です」

いきさつを訊《たず》ねると、この四〇代男性は、午前中のセッションで自分の子どもの頃を思いだしたそうです。

「ずっと忘れていました。あの頃の私が感じていたことや思っていたこととか。今の私があるのは、子ども時代の幸せのおかげだとしみじみわかりました……。あーっ親父とのキャッチボールは楽しかったなぁ〜。だから、帰らなくてはならない」

「帰るって……どこへ？」

「家で息子が待っています。小学一年生の春にミットを買ってやったのですが、まだ一度も相手をしてません。『次の日曜日は、キャッチボールやってね』とねだられて続けて、仕事を理由に日曜日をくりのべてきました。もう四年待たせています」

仕事一直線できたこのエリート男性は、妻に子育てを任せっきりでした。この日も子どもの声を背中で聞き流して出かけてきたそうです。ところが研修プログラムに刺激されて、自分が父親と過ごした小学生時代を思い出してしまったのです。

お父さんに遊んでもらって、すがすがしく楽しかったこと、そうした日々が今の自分を支えている……そう自覚した瞬間、息子に何もしてやっていない自分のふがいない姿が見えたのです。

「幸い今日は晴れています。こうしてはいられない。一刻も早く帰って、息子の相手をしてやります」と、いてもたってもいられないようすです。

後日談は、引き止め役だった年長のビジネスマンが伝えてくれました。

「あれから駅まで走っていって、電車のなかでも走りたかったそうですよ。奥さんも、どういう風の吹きまわしか、このところ時間があれば子どもの相手をしているって、笑っています」

息子の呼びかけに応えるために、一直線に走って帰ったあの日のお父さん。小四の息子さんにとって、きっと最高のキャッチボールになったことでしょう。

子どもは親の本気度を見ている

よほどの事情がない限り、子ども（思春期前の子ども）は親の手を待っています。小学生になるまで関わりが薄く、子どもとのあいだに距離を感じていても、諦《あきら》めることはありません。溝《みぞ》を埋めるのは、親の本気度です。

長年の疎遠《そえん》を挽回《ばんかい》しようというときに、一夜漬けのテクニックに頼るのはNGです。子どもへの言葉かけや接し方のテクニックの上手、下手よりも、子どもが見ているのは親の本気度です。

真剣に自分を見てくれているか、自分にどれほどの関心を向けているか、子どもたちは独特のアンテナで敏感に感じとってしまいます。同じ屋根の下に暮らしているのですから、小手先のテクニックでは長持ちしないし、そうした働きかけをしたところで返ってくるのはやはり表面的な反応にすぎません。

誰であれ自分に関心が向くのは、うれしいものです。本気で子どもと関わろうと決めたら、その思いを行動に移しましょう。親の真剣さを、子どもは喜んで受けとめます。

関わり方は、全身で子どもと向きあったときに拓《ひら》けてきます。もともと、子育ては毎日が試行錯誤です。今日はうまくいかなくても、明日があります。

小学生にもなれば、厳しいことをいい渡さなくてはならない場合もあります。しかし本気から出た言葉が自分への思いやりがこもったものであることを、心のどこかで子どもは了解しています。

私も父に叱られたときは反発し、反抗もしましたが、本気の言葉はそのまま心に刻《きざ》まれていました。その意味の本質を本当に理解できたのは、三〇代後半になってからでしたが……。

親子共通体験のすすめ

本気で子どもと向きあったら、次は親子で共通の体験を持つことをおすすめします。まずやるべきは、家族一緒に食卓を囲むことでしょう。時間をつくって、学校の父親参観日や運動会に出席するのもパパ育の基本姿勢です。

サッカーやバドミントンなどスポーツで一緒に身体を動かすのもよいでしょう。遊園地や映画など、泣いて笑って感動をともにするとぐっと心が近くなります。

共通体験のテーマは、子どもの年齢や学年に応じて異なります。わざわざ外出しなくても、父子で協力して何かに挑戦するのもよいでしょう。たとえば休日に子どもとともに食事をつくり、やったことがなければママも交えて家族でつくるのも一興《いっきょう》です。

子どもと仲よくなることと、子どもを甘やかすのは別のカテゴリーです。これまでの距離を埋めようと機嫌《きげん》をとったり、必要以上に甘やかす必要はありません。

あたりまえですが、親は子どもより上の存在です。親はそのままで、子どもより経験も能力も上まわっており、子どもを育て導く責任と権威を持たされています。人の常として、目上の人の言葉に子どもは従います。親と子の上下関係を明確にしておくことは、子どもを導くうえで必要な家庭のルールです。

変わりなく見守っているから、思春期になっても反抗期に突入しても、困ったときは親を頼ってくるのです。必要なときに導いてくれる存在が身近にいる。これこそ、子どもにとって一生の宝です。

第5章　パパ・イニシアチブを実践する法

寝つきがよくなるコアラケア

日本古来の育児ワザには、子どもを賢《かしこ》く健《すこ》やかに育てる知恵と工夫が織りこまれています。伝統的な育児習慣を生理学的な面から見ると、オキシトシン効果を親子で自然に得られる理に適《かな》ったものと了解できます。

たとえば、添い寝。『桑名日記』を書いた桑名藩下級武士　渡部平太夫も、孫の鐐之助《りょうのすけ》に添い寝をしています。この時代の習慣で、幼い鐐之助はオシメなしの裸でねんねです。しかし、おもらしで布団を汚すことはなく、おじいちゃんの腕のなかで安心して眠り、ぬくぬくすこやかに育っています。

添い寝の習慣がなかった欧米社会でも、最近は赤ちゃんの突然死の予防や健やかな発達のために添い寝をすすめる専門家が出ています。

さて、私の手元には、仰向《あおむ》けに横になるパパの胸の上に、生後一ヵ月の子をうつぶせにして寝かせている写真があります。小さな赤ちゃんが大きな岩にはりつくようにくっついて、気持ちよさそうな表情です。

これはコアラケアと呼ばれる、就寝法です。赤ちゃんの寝つきが悪いときは、パパの胸をベッドにして寝かせると、たちまちのうちに眠ってくれます。

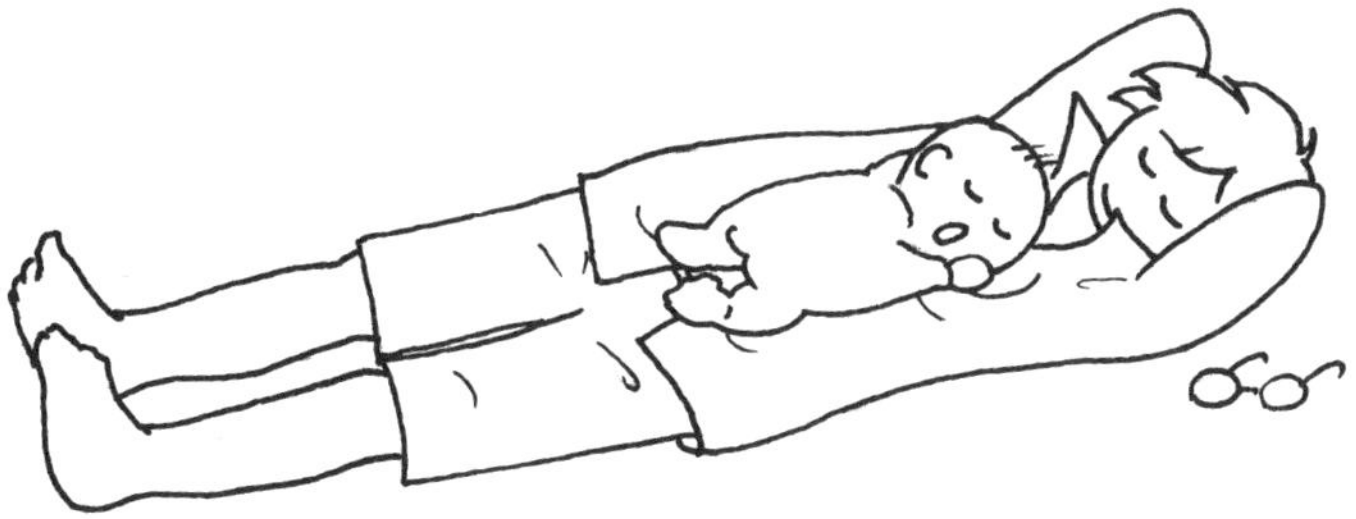

コアラケアで赤ちゃんの眠りがよくなります

よく似たものにカンガルーケアがあります。こちらは新生児ケアで、誕生直後の赤ちゃんを母親の胸に抱かせて、赤ちゃんの生きる力を高めようというものです。

もとはコロンビアの育児法で、病院の保育器不足を補うためにおこなわれていました。日本では母子の絆《きずな》づくりや育児放棄の減少など、心理的な効果が認められて産婦人科で普及しています。

コアラケアはカンガルーケアとは違います。家庭での子守り法で、添い寝の変形です。コアラの子は成長してかなり身体が大きくなっても、オンブとダッコで親にくっついています。いつも親と一緒なので、子どもは安心して満ち足りています。コアラは哺乳類《ほにゅうるい》なので、ふれあいによるオキシトシン効果が、子どもの成長を助けます。

なによりよいのは、コアラケアで赤ちゃんの眠りが深くなることでしょう。ぐっすり眠ると機嫌《きげん》がよくなり、よく笑います。ついでに聞き分けもよくなって、とても育てやすくなります。

オンブにはミラーニューロン効果がある

日本の育児ワザの代表格は、やはりオンブです。縄文《じょうもん》遺跡から出土した土器の文様《もんよう》や、古《こ》墳《ふん》時代の埴輪《はにわ》にも、子どもを背負った姿が見られます。

オンブのよさは、赤ちゃんが自分を背負っている人と同じ視線で世界を見られるところにあります。赤ちゃんにとって、生まれてきたこの世は見るものの聞くものすべてが新鮮です。とくにパパのオンブは、子どもに一段高くて広い視野を与えます。

オンブには、コアラケアと同じ効果があります。オンブひもで赤ちゃんのおしりを支え、身体の前面をぴったりと親の背中に寄り添わせると、ふれあいによるオキシトシンのレベルアップが期待できます。

身体をぴったり寄り添わせる点は、ダッコも同じです。しかしながら対面ダッコは大人の胸板で視界がさえぎられ、赤ちゃんは外の世界を眺め渡せなくなります。抱かれることで心は安定しますが、これは内向きの世界観に通じます。

オンブは肩越しに同じ視野を親と共有でき、外の世界を一緒に経験します。これは赤ちゃんのミラーニューロンを大いに活性化させます。

ミラーニューロンは、他の人の行動を見て、自分が同じ行動をとっているような活動電位を発生させる脳内の神経細胞です。まるで鏡のような反応を示すことから、「ミラー」と命名されました。

まだ完全に解明されていないものの、ミラーニューロンは相手の意図を識別し共感する力や、瞬時に状況を理解する力など、社会性を育《はぐく》むうえで非常に重要な役目を果たすと考えられています。

遺伝や生まれ持った性格を考えに入れれば、オンブやダッコで子どものすべてが決まるわけではありません。それでも人生最初に覚えた、世界に対する前向きの姿勢や、脳神経系の発達は、その後の発達に影響をおよぼしていくものです。この小さな違いが赤ちゃんの成長に生かされ、助けとなるときが必ずやってくることでしょう。

生まれてすぐは、脳内の神経シナプスが急速に発達して神経ネットワークがぐんぐん育っています。散歩や買い物、近所の人との会話など、親がおこなう言動のすべてが、一緒に見聞きする赤ちゃんの社会脳を発達させています。

同じ公園への散歩でも、オンブされている人によって違う刺激が赤ちゃんにもたらされます。パパが見せる世界は、同じ場所でもママのときとは異なります。

イナイイナイバァで脳が活性化する

台湾を子連れで旅行すると、おじさん、おばさんからなにかと声がかかります。明治から昭和にかけて日本の統治下にあったため、台湾には流暢《りゅうちょう》な日本語を話す子ども好きなおじさん、おばさんがたくさんいるのです。

台南《たいなん》郊外の田舎道でのこと、孫やひ孫に囲まれたおばさんが「ちょっと寄っていきなさい」と手招きしてきました。おばさんの家はバス停の前にあるので、そのまわりにベンチを並べて冷たい飲み物を売っていたのです。

八ヵ月の子を抱いて炎天下を歩いてきたので、汗だくの身体を冷やすことにしました。腰かけるやいなや、ワッと取り囲まれて赤ちゃん談義が始まりました。寝返りはできるか、歯は生えたのか、何を食べさせているのか、おばさんとその息子の嫁、孫と孫の子どもたちが次々と質問をあびせかけてきます。答えるたびに、歓声があがります。

歓声を歓迎のしるしと受けとめて、親善の気持ちを込めて、二歳くらいに見えたおばさんのひ孫にイナイイナイバァをやってあげました。これでバス停周辺は笑いの渦《うず》です。今度はおばさんの孫（ひ孫の父親）が、私の子に台湾風イナイイナイバァを披露してくれました。

息子がキャーッと声をあげて笑い転げると、みんな大いに満足です。年上の子どもたちが大げさなイナイイナイバァを一斉に始め、大人たちの会話もさらに弾《はず》みました。

イナイイナイバァは、脳のここちよい刺激として最高の遊びです。特別な道具はいりません。お金もかかりません。必要なのは、純真な遊び心と、子どもを喜ばせてやりたいという思いです。

イナイイナイバァは世界中の子どもが好みます。言葉の壁がないので、外国の子育て家族とも一緒に楽しめます。

子どもの脳は、静かなベビーベッドのなかではなく、コミュニティや人間交流のなかで育ちます。語りかけやふれあいによって、脳内の何十億ものシナプスが結ばれ、ネットワーク化されていきます。この時期の遊びは社会的な刺激となって認知力を養い、学齢期になれば文字や数字への好奇心、知識欲につながっていくことになります。

社会性を養う下地づくり

スウェーデンの生理学者シャスティン・モベリ博士は、子どもとふれあうときの母親の体内オキシトシン値を調べました。その結果、授乳やダッコで親子が肌を合わせているときに、母親と子どもの双方で体内オキシトシン値が上がることが確認されました。

コアラケアやオンブでは、父と子の双方に、母子の授乳シーンで得られたようなオキシトシン効果が実感できます。

第1章で紹介したように、脳内ホルモンのオキシトシンは心と身体の両面に作用します。さらにオキシトシンは、神経伝達物質として血管に入って血流にのって全身をめぐり、内臓に働きかけます。

オキシトシンが成長ホルモンの分泌をうながし、赤ちゃんはすくすく育ちます。胃腸の働きが活発になるので、栄養を体内に吸収する力が高まり、食欲が増すのです。もちろん安心してぐっすり眠れることも、成長をサポートします。心理面では不安をやわらげ、近くにいる人に対する親しみや思いやりが湧《わ》いてきます。

実験に協力したお母さんたちは、オキシトシンの作用で精神的に落ち着き、母乳の出がよくなりました。気分がゆったりくつろいで寛容になり、ささいなことを気にやむこともなくなります。深くリラックスできるので、良質の睡眠で育児疲れを癒《いや》せます。

お母さんが落ち着くと赤ちゃんも落ち着き、むずかって泣くことがなくなります。情緒的な安定で免疫力も高まり、病気をしにくくなります。このようにオキシトシンの効果は、親子をまとめて健康に導いていきます。

伝統の子育て法には、子育てを楽にする生理的サポートが備わっています。一緒にいる親（養育者）の心に共感する日々は、社会性を養う下地にもなります。子どもの社会性の育ちは、すでにベビー期に始まっているのです。

父親の「単身赴任」問題

ママが赤ちゃんの世話に力を注ぐあいだ、パパは子育ての方向性を見出すというイニシアチブスタイルもあります。

茨城県在住のカナダ人、ユージン・ラヴィンさんのいちばんの楽しみは、日々成長する二歳の息子です。

「奥さんが日本人なので、この子は奥さんの実家の日本で生まれて、その後カナダで育ちました。それからアメリカに転勤して、今また日本で働いています。僕は仕事柄、近い将来日本やカナダ以外の国で暮らす可能性があります。だから、子どものことは、奥さんとはいつも話しあって決めています」

夫妻それぞれの母国を離れて子育てするとなると、夫婦の結束は欠かせません。東と西の異なる文化と価値観で生まれ育った二人は、育児についての考え方や方法も異なるといいます。

違っていることが前提なので、なおさら理解しあえるように努力を重ねる日々です。子育ての方向性や、成長にともなった折々の選択など、ことあるごとに話しあって決めています。

「日本での仕事が決まったとき、奥さんと子どもをカナダに置いて、僕だけ勤務地に行くという選択もありました。それでも、やはり家族一緒に暮らすことに決めました。茨城県では奥さんが働かなくても、僕の収入だけで十分生活できます。でもその分だけ僕は忙しくなる。だから、奥さんは仕事をしないで息子を育てることに決めました。

彼女が働けばダブルポケットになり、かなりの高収入になります。でも二人で話しあって決めたのは、そのお金を使って知らない人に子どもを預けるよりも、今は自分たちの手で慈《いつく》しんで育てようということでした」

選んだのは、家族一緒に暮らす道でした。

カナダの生活環境は日本よりゆとりがあり、教育制度や社会福祉制度が行き届いています。妻と子を残して、単身赴任《ふにん》するという選択を考えないわけではありませんでした。

「そうすると、奥さんは子どもを預けて外で働かなくてはなりません。カナダは医療や教育が無料ですが税金が高いのです」

家族ばらばらで生活することが、これから成長していく子どもの心に与える影響が心配だったのです。

家族を連れて日本に赴任し、日々の子育ては妻に任《まか》せ、自分はそれを支えるために働く。しかし、子育ての楽しみと責任は二人で分かちあう……。選んだのは、誰も大切なものを犠牲にしない生き方でした。

情報社会の現代、離れていても、インターネットのスカイプや電話でわが子の顔を見て、成長具合を確認できます。先進技術を駆使《くし》して、遠く離れて暮らす寂しさを補うやり方もあるでしょう。

しかし、ともに暮らして食卓を囲み、その日のできごとを直接話し、ほめられたり叱《しか》られたりできる家庭環境は、子どもの健やかな成長に欠かせないものです。

父親としてわが子の成長を直《じか》に見届けたい。だから、子育て中は単身赴任を避ける。これが、ユージンさんが選んだパパ・イニシアチブのスタイルです。

何よりも優先したいお金で買えないもの

「要は、信頼関係ですね」

第3章で紹介したように、堀込パパは育児休暇中に妻のアメリカ留学が決まり、子どもを連れて三人で渡米しました。その後、育休期間を終えて、単身で帰国。職場に復帰したものの、家族と離れて暮らす苦痛に耐えられません。

実家の父親からも、子ども（実家の父にとっては孫）と一緒に暮らすべきとのアドバイスです。帰国から一ヵ月後に迎えたゴールデンウィークは、早速家族に会いにアメリカに渡りました。

久しぶりのパパを、ママと長男がサンフランシスコ空港まで出迎えてくれました。

「でも、ショックだったのは……」と、このときをふり返る堀込パパです。

駆け寄って抱きついてくれると思っていた長男が、空港ではにかんだような態度を見せたのです。

「大きくなったね」とパパのほうから抱きあげましたが、身体を硬くして以前のようにぴったり寄り添ってくれません。帰国のときは息子の泣き声に後ろ髪を引かれる思いで旅立ったのですが、意外にもちょっと寂しい再会となったのです。

「大人にはたったの一ヵ月ですが、子どもにとっては長かったようです」

空港から家までの車のなかで、長男は以前の調子を取り戻し、関係修復ができました。しかし、このあと堀込さんは日本の勤め先をあっさり辞《や》めて、ふたたびアメリカの妻子のもとに戻りました。何よりも優先したのは、親子の信頼関係でした。

主夫ジョン・レノンの想い

話は変わりますが、伝説のイクメンであるジョン・レノンには、親子離れて暮らした寂しいエピソードがあります。家庭の事情で、彼は実の両親から離れて成長しました。

大人になって結婚し、長男が生まれたのは、ビートルズとしてデビューしたばかりの頃でした。ロックスターに普通の生活はなく、妻子と過ごせる時間は限られていました。そのうえ親と暮らした経験がない彼には、自分の子どもとの接し方がわかりませんでした。演奏旅行で世界中を飛びまわって家に帰ると、ぐんと大きくなった見慣れない子がいます。

「どうしたらジュリアン（長男）が喜ぶか教えてくれないか？　やり方がわからないんだ」と、友人にたずねたエピソードはよく知られています。

両親とのあいだにあった空白が、そのまま長男との関係にあらわれたのです。親から受けた接し方は、そのまま自分の子どもとの接し方のモデルになるものです。彼の心のなかには、親子のふれあいのヒナ型がなかったのでしょう。

その後、日本人女性のオノ・ヨーコさんと再婚します。彼女とのあいだに息子が生まれたのは、音楽家として平和運動家として、公私にわたる偉業を成し遂げた後でした。

次男が誕生すると音楽活動から身を引き、ニューヨークの自宅にこもって子育てに専念したと伝えられています。レノン家のファミリービデオには、ニューヨークのアパートで、日本式に赤ん坊をオンブしてパンを焼く子育て主夫ジョンの微笑ましい姿が映っています。

親子の絆と信頼は、血がつながっていれば無条件に結べるものでなく、やはり日々の生活の中で織りあげていくものなのでしょう。物質的な不足は金銭でまかなえますが、心の不足はお金では満たせません。

彼は息子を育て愛することで、自分の心のなかの寂しい少年を育てなおしたのでしょう。子ども時代に得られなかった親子関係のブランクを自分の手で埋めた後、長男ともよい関係を取り戻したそうです。

発表当時五歳だった次男を歌った曲「ビューティフル・ボーイ」は、慈しみの思いにあふれています。この曲を聴《き》くと、子育てのご褒美《ほうび》は愛と信頼、そして喜びにあると実感できます。

エリートサラリーマンから主夫業に転身

これまで紹介した日本のパパたちは、ご自身が育った実家のお父さんとの関係が良好で、親子関係のヒナ型が心身に刷《す》りこまれているようすでした。しかし、保育園年長と小学一年生の二人の娘を持つ宮内崇敏さんの場合、事情が異なります。

宮内さんの父親はモーレツサラリーマンで、いつも外で働いており、海外出張もたびたびでした。宮内さんの頭に、お父さんが子育てに関わるというイメージはありませんでした。父親に憧《あこが》れて、自分の将来のモデルにしていた彼は、企業の最前線でバリバリ働く「できる男」をめざしていました。

宮内さんが大学を卒業したのは、バブル崩壊後の就職氷河期でした。しかし就職難で苦戦する同年代を尻目《しりめ》に、宮内さんは大手企業にあっさり就職します。就職、結婚、娘の誕生と、すべて順調でした。この頃は家庭のことは妻に任せて、外で働くのが自分に課された使命と信じていました。

ところが、事態は想定外の方向に展開していきます。仕事にプライドを持って取り組む宮内さんでしたが、激務で体調を崩《くず》し第一線から退《ひ》かざるを得なくなります。

期せずして、家族の生活を支える収入はサラリーウーマンの妻に任せ、夫の宮内さんが家事と子育てを引き受けることになります。

はじめのうちは男の自分が家に残り、妻が外で働くことが苦痛でした。外で働こうと無理を押して大手商社に再就職しますが、どうしても体調がついていきません。ストレスが高じてかえって病気を悪化させてしまいます。

入退院をくり返して悩んだ末、家族に心配をかけるよりも、家族に役立つ道を選ぼうと心を決めました。主夫業に徹することにしたのです。

家事はともかく、問題は子育てでした。育児教室に通い、近所のママたちに交じって井戸《いど》端《ばた》会議に参加しますが、どうもよくわかりません。日々慣れないことばかりでも、子どもたちはぐんぐん成長しています。待ったなしの状況で、迷いと奮闘の毎日でした。

そんななかでも、宮内さんはじっとしていませんでした。舞台を家庭に移して、ビジネスで手がけた企画案出やプレゼンテーションの技術をもとに、独自のパパ・イニシアチブのスタイルを編みだしていったのです。

子育て体験を自分なりにアウトプット

家庭に入った宮内さんは、子育て主夫のブログを開きました。さらに、育児雑誌「たのしい幼稚園」でマンガの連載を始めます。

ビジネスマンをめざしていたのですから、もともとのマンガ家志望ではありません。主夫として家庭を受け持つようになってから、時間を捻出《ねんしゅつ》して日々の経験をネタにマンガを描きはじめました。子育ての苦労と喜びを四コマに凝縮した、笑いと共感のイクメンコミックです。

育児で体験した驚きと笑いが、ネタづくりにつながります。子どものためにやっていることが、そのまま外の世界との架《か》け橋となり情報発信につながりました。

キャリアウーマンが出産を期に退職し、子育てに専念すると育児ノイローゼになりやすい……以前よくあった話です。育児に時間をとられて社会とのつながりを実感できなくなると、それまでキャリアで培《つちか》ってきた自己イメージに揺らぎが生じます。

私に持ちこまれた相談ケースでも、夫は仕事で帰宅が遅く、生まれたばかりの赤ちゃんを相手に朝から晩まで過ごし、丸一日誰とも話をしないという孤独なママがいました。

最近はＳＮＳの活用やＬＩＮＥのママ友グループなど、子育てママはネットで外の世界とつながれるようになりました。しかしお互いの距離の取り方に戸惑うなど、かえってストレスを増やしてしまうこともあります。

社会とつながりにくく、子育ての不安やストレスをガス抜きできない……なのに夫は仕事にエネルギーを使いはたして妻の話し相手になろうとしない。そんなこんなの積み重ねが、育児ノイローゼを招きます。

宮内パパは、育児体験を形にしてアウトプットすることで、社会とのつながりを改めてつくりだしました。娘たちの世話に専念するとネタがひらめき、それが自己表現になり、世間との関わりが拓《ひら》けます。

子どもの「自律」と「自立」をサポートする法

宮内さんは、一〇代の青春時代を海外で送りました。父親の仕事の都合で多感な中学・高校時代をシンガポール、ニューヨークで生活したため、帰国して大学に通いはじめたときは、戸惑いを覚えたそうです。自己主張する多民族社会で過ごした高校時代とうってかわって、日本の大学で知りあった友人たちは自分の意見を表明するよりも互いに空気を読みあい、言葉なしで察しあっていました。

カルチャーギャップを直に体験したことから、娘たちには自分の考えを主張できるようになってほしいと願う宮内さんです。そのために自律性を養うしつけを心がけ、子どもに自信を持たせるように接しています。

まずは、生活リズムを守ること。起床、食事、学校、放課後の遊びや習いごと、お手伝い、就寝のリズムを大切にしています。リビングに一ヵ月のスケジュールボードを置いて、子どもたちに自分の手で予定を書きこませます。それを親子で一緒に読みあげて、スケジュール管理のしかたを覚えさせています。

親が口うるさく追いたてなくても、子どもが自分で予定を確認して実行できるための「自律」を養う仕組みづくりです。

毎日のお手伝いは「自立」への足がかりです。これは家庭でしか教えられないことです。調理や掃除が自分でできれば、誰か他の人に合わせて生きるのではなく、自分で決めて行動できるようになるからです。

そのための仕組みも考案しました。お手伝いをキチンとできたら、子どもに福引券を一枚あげます。それを貯めると、ガラガラポン（福引のくじ引きをおこなうときに使用する抽選器の通称）で遊べます。

ポンと出た玉の色によって、子どもたちにお菓子やオモチャの景品をプレゼントします。努力の成果を形にして見せることで、やる気を引きだします。

お手伝いを習慣化するために始めたことですが、ガラガラ、ポンッとまわしてはしゃぐ子どもたちの笑顔は、なんともうれしいものです。

やるべきことをやっていくことで、毎日の努力が成果を生み、自信につながります。それが、自律と自立を生みだすのです。精神的な足固めで、自分の思いをきちんと相手に伝えられる子に育てていこうと、宮内パパは考えています。

宮内さんの父親は今も海外で働いています。成長期に父と過ごす時間が少なかった宮内さんですが、目標を定めて戦略的に行動するのは、きっと父親ゆずりなのでしょう。

願いは子どもが人生を楽しむこと

宮内家では、毎夜「終礼」を行います。今日やったこと、楽しかったこと、明日やること……パパにいろいろお話ししてから子どもたちは眠りにつきます。就寝前のおしゃべりは、子どもたちのいちばん楽しい時間です。

「読み聞かせですか？　これはママにやってもらいます。仕事が忙しくて、帰宅はいつも夜の一時です。早めに帰ってきたら、読み聞かせをセッティングします。母親が子どもとふれあえる機会をつくるのは、主夫の役目です」

忙しい妻への気づかいどころは、家族とのふれあいです。

「娘たちに願うことですか？　うーん、人生を楽しむことですね」

誰か他の人に合わせて生きるのではなく、自分で決めて、自分の思いを相手に伝えられる子に成長してもらいたい。そのために、日頃から自分のことは自分で決めさせています。

長女の小学校を決めたときは、本人を連れて各校のオープンキャンパスをまわり、その学校の児童や先生に会って話す機会をつくりました。親としてサポートするのはここまでです。そこで得た情報と体験をもとにして、入学先を決めるのは本人に任せました。

「つまり、自分の人生は自分自身のものであると知ってほしい。私は、これがわかるまで時間がかかってしまいました」

目先の点数や将来の大学受験とかにこだわらず、自分のやりたいことを楽しみながら、本質的な実力を身につけてほしい。それが、宮内さんのパパ・イニシアチブです。

第6章　ネット時代はパパ・イニシアチブの出番

テレビ育児、タブレット育児よりヒューマンタッチ

体力、運動能力、思考力や人間力……子どもたちの生きる力の衰《おとろ》えが危ぶまれています。家庭力の低下や食生活の乱れ、先進技術がもたらした便利で快適な暮らしも、現代っ子をヤワにしているとの指摘です。

上にお兄ちゃんやお姉ちゃんがいない家庭は、ママは一人で赤ちゃんをみていなければなりません。忙しいときはベビーラックやベビーベッドに赤ちゃんを置いておけば、安心して家事にとりかかれます。

幼児にタブレットを預けて、テレビやＤＶＤを見せている家庭もあります。動く画面に目を奪われて、子どもは動かないでおとなしくしてくれます。

いっときの忙しさはこれで乗り切れますが、長い目で見るとどうでしょう。小児科医師や心理カウンセラーなどの専門家は、テレビ育児、タブレット育児に疑問を呈しています。理由は、親子のコミュニケーションが不足するところにあります。

人生最初のインプリンティング（刷《す》りこみ）で人間よりも機械に親和性を持ってしまうと、成長してからの子どもの社会性や人間関係に問題が生じるおそれがあるというのです。タブレットから出ている電磁波やブルーライトが発達中の脳に与える影響も、無視できません。

ベビーベッドよりも心地いい。
あったかくて、うれしくなってきます

アメリカ小児科医学会では、「二歳までの子どもにテレビを見せてはならない」と警告しています。社会的適応力の未熟さや、人間力の未発達の温床《おんしょう》になると主張しています。幼いときの家庭のふれあいは、生涯にわたる社会性の基礎を形成します。

乳幼児期のふれあい不足で、成長して人とのつきあい方がわからず、学校や会社の集団生活で苦労する子どももいます。

生まれてからの三年間、脳と身体と心の発達に重要なこの時期にこそ、赤ちゃんに人間的なコミュニケーションを体験させておきたいものです。テレビやタブレットの電子機器に任《まか》せっきりのお守《も》りにならないよう、夫婦で話しあっておくことは大切です。

お膝《ひざ》のダッコや一緒のお風呂、一緒の昼寝

も、じつは子どもの将来の可能性を広げていると心得ましょう。ときには父子散歩もおつなものです。

ブラウンパパは、夜泣きがやまない娘を抱いて夜の散歩に出かけていました。私も妻が忙しくするあいだ、子どもを抱いて近所を散歩していました。

はじめての子連れ散歩の夜、河川敷《かせんしき》で近くの中学生が花火で遊んでいました。生後二ヵ月の小さな赤ん坊を見て、女の子たちが「かわい〜、かわい〜」と連呼《れんこ》して集まってきました。せがまれてダッコさせてあげたのですが、意外に上手に抱いて、声のトーンを高く上げて赤ちゃんに話しかけています。

男の子たちは、赤ちゃんを怖がらせないようにと、打ち上げ花火をやめてしまいました。代わりに「ほーら、きれいだろ」と線香花火《せんこうはなび》を焚《た》いて見せてくれました。キラキラとゆらめく花火の輝きを、この世に生まれてたった二ヵ月の子がじっと目を開いて見つめていたことは、今は懐《なつ》かしい思い出です。

男親が教えるメディア・リテラシー

生物学的にみて、父親というものは、外の世界に子どもを誘《いざな》う役割を担《にな》っています。昔は、見知らぬ世界での体験やできごとを話してくれる強いお父さんは、子どもにとって尊敬と憧《あこが》れの対象でした。とくに男の子は父親の姿を見ならって、一人前になりました。女の子は成長して、自分の父親をモデルにして生涯の伴侶《はんりょ》を選びました。

アメリカの思想家バックミンスター・フラー（宇宙船「地球号」を提唱したことで知られる）は、家庭で父親の権威が失墜《しっつい》した原因は、ラジオの発明にあったと述べています。ラジオニュースのおかげで、子どもたちはお父さんより先に世の中のことを知るようになりました。その後のテレビの普及も、父親の立場を脅《おびや》かしつづけました。お父さんが体験するよりも早く、遠くの世界のことを子どもたちは映像で疑似《ぎじ》体験してしまいます。

近代の父親たちは、子どもを外の世界に誘う役割をラジオという情報メディアに奪われてしまったのです。

情報をもたらす手段がラジオからテレビ、インターネットへと進み、そして今はスマートフォンです。このままお父さんの存在感は、希薄になっていくのでしょうか。いいえ、これからは、パパのイニシアチブがわが子をメディア（インターネット、ゲーム、携帯電話、スマートフォンなどのパーソナルな電子メディア）の落とし穴から守る時代です。

ゲームに夢中の園児。一日の大半をＬＩＮＥに費やす小学生。ネトゲ（ネットゲーム）依存症やＬＩＮＥを悪用したイジメ、ときには自殺の悲劇も起きています。機械操作が上手にできれば、それを適正に使いこなすモラルも持っていると考えるのは早計です。

メディアを使用する時間管理はもちろんのこと、お父さんがパソコンやタブレットを一緒に使って、テクノロジーの賢《かしこ》い使い方のお手本を身近で示しておきましょう。子どもが幼いうちは、誰とどのようなやりとりをしているのか、親が知っておく必要もあります。

メディアの長所と短所を教え、社会のルールとメディア作法など、モラルを導くのはパパの役目です。

なにより家族や友だちなど、他の人とのつきあい方を直《じか》に学ぶ成長期にあって、ネットやゲームにはりついてばかりでは、社会性の育ちに支障が生じます。危険だからとゲームやスマホを一切禁止する手もありますが、ここまで社会の情報化が進んでしまうととても不可能です。社会の情報化が急激に進むなか、子どものためのメディア・リテラシー（情報を評価、識別する能力）が求められています。

ゲーム、メール、ネットに夢中になる子の内面

大阪府教育委員会訪問指導アドバイザーの魚住絹代《うおずみきぬよ》さんが実施した大規模調査（魚住絹代著『いまどき中学生白書』講談社）は、子どものメディア・リテラシーに重要なヒントを与えてくれました。

この調査は中学生とその親四七六二人を対象にして、兵庫、長崎、東京でおこなわれました。アンケートで明らかになったのは、幼いときの親子関係の大切さです。つまり、思春期の中学生のメディアとのつきあい方に、その子が小学生だったときや、それ以前の幼児期の家庭でのふれあいが反映されていたのです。

アンケートで見えてきたのは、幼いときに親にあまりかまってもらえなかった子ほど、ゲームに入れこむ傾向があることでした。たとえば、ゲームに夢中になる子の特徴として、一日のゲーム時間が長いほど偏食が激しいということです。また、新しいものを好まない、生活が楽しくないと答える割合が高く、対人関係も消極的な傾向にあるとの結果です。

Ｅメールも同様です。幼い頃に愛情不足だった子どもほど、中学生になってメールに没頭しています。これは同時に実施された、親たちのアンケートによって裏づけられました。幼稚園、小学校時代に親にかまわれず、愛情不足を経験した子がメール中毒になりやすい傾向にあります。ここでのＥメールは、最近のＬＩＮＥにあたります。

メールをしない子は、「いちばん大切なものは？」と訊《き》かれて「家族」と答えています。しかし、一日五〇通以上メールをやりとりする子の答えは、いちばん大切なものは「友だち」です。「安心できる居場所」も、「家庭」よりも「友だち」です。

こう答える子に共通する特徴に、自分を支える精神的基盤が弱く、対人依存傾向が強いことがあります。学校での生活も、「友だち」になったり、「絶交」や「イジメ」、「仕返し」したりの不安定な人間関係に終始しています。

最後は、ネット依存です。ネットサーフィンに没頭する子は、ゲームやメールに夢中になる子と傾向が異なり、親子関係は良好です。しかし、気になる点があります。

ネットをやる時間が短い子にとっていちばん大切なものは「家族」なのですが、ネット時間が長い子ほど、大切なものが「ゲーム」「パソコン」「携帯電話」「アニメやマンガ」へと移っていくのです。

ネット依存の子の親子関係

およそ五〇〇〇人を対象にしたこの調査は、幼少期における親子のふれあいの大切さを私たちに教えてくれます。

親との関わりが希薄だった子どもほど、少年期になってメディアに没頭する傾向がありま す。親と心の絆を結べず、家庭を安全基地にできなかった子どもたちは、愛情の代償《だいしょう》を求めるかのように、ゲームやメールにのめりこんでいきます。

一方、家庭で愛情に満たされている子は、ゲームやメール、ネットに極端に依存することはないようすです。いっとき夢中になっても、十分楽しんだあとは適当に卒業してしまいます。保育園や幼稚園、小学生のときにゲームに夢中でも、ある程度の年齢に達すると自然に関心が他に移っていくのです。

　家庭で親とよく接している子、特にお父さんとの関係性がよい子は、社会性の発達が良好です。そうした子は、中学生になるとゲームよりも友だちと出かけるほうが楽しくなってきます。加えて、部活やクラブ活動で忙しくなり、ゲームやネットばかりやっていられなくなるのです。

　この時期に、ゲームに夢中なままの子と、そうでない子の二極分化が始まります。幼児期に過保護に扱われた子、家庭でかまってもらえなかった子、愛情不足の子ほどメディアの独り遊びに取り残される傾向があります。ゲームに費やす時間が長くなり、やがてゲームに支配されたまま成人していくのではと心配です。

　前述の魚住絹代さんは小中学校の訪問指導アドバイザー、スクール・ソーシャルワーカーとして活躍される経験豊富な方です。ゲーム、メール、ネットなどメディアだけでなく、何かに極端なハマり方をする子どもは、親とのコミュニケーションが不足しており、親に認めてもらえていないという思いを持っているとコメントされています。

　事情が何であれ、親子の関係が希薄になると子どもが部屋にこもって独《ひと》りメディアに埋没するリスクが生じることは、親として知っておくべきでしょう。

メディアの遊びは、つかの間の慰《なぐさ》めにすぎません。ゲームやメールで時間を潰《つぶ》せますが、心の空洞は埋められません。インターネットであらゆる情報が手に入っても、本当に欲しいものは得られないままです。

メディアを使いこなせる子に育てるパパ力

人生初期のふれあい不足が、寂しさや空虚感、ときには強い自己否定感を子どもに抱かせるというのであれば、答えはシンプルです。成長して学校や社会から遠ざかり、自分自身の存在まで希薄にしてしまわないよう、乳幼児期のうちから親子でふれあっておきたいものです。

星野パパは、朝夕の時間を決めて父子のふれあいタイムをつくっています。矢野パパのように、帰宅後はずっと赤ちゃんの世話をしていたお父さんもいます。

毎日が無理であれば、休日だけで十分です。週に一度、ソファにゴロ寝してコアラケアで遊ぶだけでも、子どもは自分が大切な存在と思われていることを確かめられます。

園児や小学生のパパは、休日は子どもの手にあるタブレットやスマホをいったん置かせ、一緒に外に出てはどうでしょう。キャッチボールにストライダー（キッズ用のランニングバイク）、かくれんぼなど、家の外にもゲームやアニメ以上に楽しいことがたくさんあります。山や海に出かけてアウトドアの楽しみ方を教えるのも、お父さんならではのことです。

堀込パパは、夏休みを利用して、子連れで自然のなかを旅しています。幼いときほど感受性が豊かです。密度の濃いふれあいで、子どもたちはパパの思いをしっかり受けとって成長していくことでしょう。

近頃は、子どもが自由に遊べる場所が街から消えていく一方です。公園の立て看板や貼り紙には、禁止事項がずらりと書かれています。以前のような異年齢の群れ遊びで、年長の子が年下の子に遊びを教える姿も見られません。

外遊びをしたくても、かけっこやボール遊び、木のぼりも禁止されている今の都市環境です。それだけに、大人が関わって子どもの遊び場を確保し、遊び方を誘導していく必要があります。

親子のふれあいが、子どもの心の精神的基盤をつくります。骨太な心とレジリエンスが育てば、自分の意思《いし》や欲望をコントロールする力も養われます。メディアを使いこなしてネットの海を巧《たく》みに泳ぐ力がつけば、広く世界の人々とネットワークを結んでいけるでしょう。自分の人生を力強く切り拓《ひら》いていく力は、パパ・イニシアチブのたまものです。

パパが選んだプレゼント

東京郊外の高井一家のエピソードです。

シンタロウくんが四歳の冬、高井パパは、クリスマスのプレゼントを何にするか迷っていました。本人はポータブルのゲーム機をほしがっています。遊び友だちは、次々と誕生日にゲーム機を買ってもらっています。いつまでも借りて遊ばせているわけにいかないし、プレゼントにすればさぞかし喜ぶだろうな……。そう思いながらも、心に引っかかるものがありました。

それは、公園に集まる男の子たちのようすです。おおよそ幼稚園から小学生低学年くらいの、本来ならばじっとしていられないで走りまわっているはずの年頃の子が、いつ見てもベンチに座ってゲームをしています。

「丈夫で元気」を育児の目標にする高井パパとしては、ブランコや滑《すべ》り台で遊ぶことなくゲーム機の画面に見入って動かない子どもたちの姿は気になります。

この年は、東京郊外にも雪が降りました。新雪の朝、高井さんは長男を近所の坂道に連れだして、ソリ遊びをさせました。風を切って新雪を滑りおりる爽快感《そうかいかん》に、シンタロウくんは夢中になってしまいます。そこで次は近くの人工スキー場に出かけました。そしてあっという間に、ソリからスキー、スキーからスノーボードへと冬の遊びが発展していきました。

この年パパが選んだクリスマスプレゼントは、スノーボードになりました。これがシンタロウくんのいちばんほしいものになったためです。

リスクをのりこえられる子に

おとぎ話のヒーローは、成長して生まれ育った故郷を出て、未知の世界を旅してお姫さまに出会います。困難をのりこえ、戦いに勝利し、仲間や姫君をともなって生まれ故郷に錦《にしき》を飾ります。

女の子だって負けてはいません。ヒロインは村の危機や敵の攻撃に勇敢に立ち向かい、人びとと力をあわせて世界の危機を救ってきました。

昔の冒険譚は、子どもが一人前に成長していくプロセスを比喩《ひゆ》的《てき》に描いています。居心地のよい家を出て、または家や故郷を守るため、主人公は困難に立ち向かい戦いに勝利します。そして最後に、勇気の見返りとして宝物を手に入れます。経験、知恵、信頼できる仲間、配偶者、感謝、地位、金銀財宝、成功など、有形無形の宝はすべて冒険しなければ手に入らないものです。

順番通りにいくと、親がこの世を去った後も子どもは生きていきます。将来自立できるように育てるつもりであれば、いつまでも家のなかに置いて守っているわけにはいきません。かわいがって育てると同時に、自分で生きていく力も身につけさせたいものです。

冒険するには、夢を思い描く力とそれを実行に移す力が必要です。マッチ棒は自分の手で擦《す》らなければ、火がつきません。小さなケガをした経験が、大きなケガを避けるための学びになります。危険だからといってマッチやナイフにさわらせないのではなく、それらの危険性と有用性の両面を、身をもって体験させることこそ必要でしょう。

子どもは失敗を糧《かて》に成長します。うまくいかなくても、経験が残ります。挑戦が実を結べば、自信を持てます。「失敗は成功のもと」ということわざは、失敗から学ぶことが将来のプラスになると教えています。新しい試みに挑戦できる勇気を育てるには、幼少時の親の関わりが重要です。パパとの信頼関係が子どもに勇気を持たせ、そして勇気は夢を実現する力を子どもに与えます。

ゲーム依存やネット依存、外遊びのケガ、イジメのリスク、不登校と引きこもり……見まわせば、現代社会は家庭のなかも外もリスクで満ちています。しかし、これらのリスクをのりこえるたび、子どもは強く賢くなっていくのです。

パパ・イニシアチブの極意は、自分で夢を描き、転んでも自分の足で立ちあがれるような育て方にあるのでしょう。父親っ子が社会に出て成功するチャンスをモノにできるのは、こうした社会的能力の高さからくるのでしょう。
それは、いつか迎える旅立ちの日のための準備でもあります。

おわりに――オヤジは心の羅針盤

厚生労働省のアンケート調査によれば、働く父親の三〇パーセントが育児休暇を取りたいと希望しています。ところが実際に取得するのは、二パーセント前後の人にとどまっています。その理由の第一は、「職場や周囲の理解が得られない」からです。

イクメンが市民権を得た今でも、男親の育児休暇に対する批判が根強いようです。オトコの沽券《こけん》にかかわる問題ととらえるむきや、仕事にさし障《さわ》りが生じるとの意見もあります。家庭のために割《さ》く労力と時間が、仕事上の損失になるというのでしょう。そんななか、男性社員の育休取得を推進した企業が売り上げを伸ばしている現実は見逃せません。

パパの育児休暇推進でブラック企業が優良企業に変身

宮城県仙台市にあるホシザキ東北株式会社は、男性社員の育児休業取得率四〇パーセントを達成しています。もちろん、女性社員は一〇〇パーセントの取得率です。有給休暇取得率の伸長《しんちょう》に歩調を揃《そろ》え、売り上げも過去五年間で一・五倍の伸びを見せています。

ホシザキ東北には、過去にブラック企業と評された時期があります。その頃の会社はとにかく仕事が多くて片づかず、社員の帰りが遅い日々でした。残業はあたりまえ、エンドレスに続く仕事を前に、有給休暇など取れません。そんな職場に疲れてか、四〇〇人いた社員のうち一〇〇人が辞《や》めていく年もありました。

ところが現在のホシザキ東北は、社員の定着率がよく、国から表彰を受ける最上級の子育て支援企業に生まれ変わっています。社員定着率が最悪だった年から一〇年後の二〇一五年は、厚生労働省から全国初の「プラチナくるみんマーク」（「くるみんマーク」は厚生労働省の認定を受けた子育てサポート企業に与えられ、「プラチナくるみんマーク」は、くるみん認定を受けた企業のなかでさらに高水準の取り組みをおこなっている企業に与えられる）を取得しました。

業績回復のカギは、有給休暇の取得推進にあります。総務課が中心になって、社員にできるだけ有給休暇を取るように呼びかけました。むずかしかったのは、男性社員の育児休暇でした。自分から取ろうとする人が出ないなか、総務課の職員が子どもの生まれる男性に直接働きかけました。

さらに社長を筆頭に各部署の責任者を巻きこむ作戦で、休暇を取りやすい社内環境をつくって男性の育児休暇取得の流れをつくりだしました。

社員のＱＯＬ（Quality of Life）と家庭生活を尊重する社風を生みだしたことで、社員の定着率がよくなり、企業業績まで向上したのです。

「有給休暇を取って、稼働日数が少なくなっているなかで売り上げが伸びているのは、やはり一人一人のモチベーションが上がってきているということです」

管理部総務課の高橋真弓さんは、悪循環を断ち切り、劇的に好転した原動力は、家族を大切にする働き方にあるといいます。

「おかげで子どもと過ごせる時間が増えました。子どもからの感謝状が会社に届いています。今は効率よく仕事するいい状態になっています。プライベート（家庭生活）が充実すると、アイデアや新しく学ぶことが入ってくる。これがまた仕事にも生かされます。長時間仕事をして疲れ切っていては新しいアイデアもわかないし、効率的な働き方もできないと思います」

国の調査でも、子どもと一緒に過ごす時間が長い父親ほど、子育てを負担に感じていないと答えています。子育てで疲れるとか、気持ちに余裕を持って子どもに接することができない……の意見はなく、負担どころか、わが子と一緒に過ごすのはむしろ喜びに満ち足りた時間だと答えています。

事実、育児休暇を取ったことが仕事にプラスになったと答える先輩パパは数多く、これらのパパの上司たちも同意見です。ホシザキ東北の社員に限らず、仕事から帰って子どもをお風呂に入れ、寝る前の絵本の読み聞かせを受け持つ今どきパパは珍しくありません。

短時間に集中して仕事に取り組み、残業せずに定時に切りあげますが、疲れるどころかメリハリが出て元気になっているそうです。育児休暇取得を発表したことで有名なイギリス元首相のブレア氏も、在任中の激務のなかで生まれたばかりの子どもに夜中にミルクをあげていたそうです。

パパの育児休暇は、出産に臨《のぞ》むママを助けるだけでなく、その後自然なかたちで育児に関わっていけるメリットもあります。第一子が生まれるときに育休を取ると、第二子、第三子の誕生につながりやすく、家庭に安定と幸福をもたらします。

「イクボス」も誕生

新しいものを率先《そっせん》して取り入れる人を、マーケティングの世界でイノベーター（革新者）と呼びます。新しく発売された商品を最初に買うのはこのタイプです。次に買うのは、イノベーターの動きを脇で見ている流行に敏感な人たちです。

社会の二・五パーセントを占めるイノベーターと、流行に敏感な層を合わせた一六パーセントが見慣れない新商品を受け入れると、あとはいっきに普及していきます。

男親の育児休暇取得率が全国平均で二パーセント前後を行き交う現代、育休を取って子育てに積極的なパパは、意義ある新しい生き方を社会に提示するイノベーターと呼べます。父親育児のベネフィットは、夫から妻へ、夫婦から子どもへ、家庭から社会へと広がっていくことでしょう。

私たちの生活はドラスティックに変化しています。子どもたちが生きていくこれからの世界は、まだ誰も経験していない未知の領域です。地球温暖化に気候変動、情報社会がもたらしたグローバリゼーション……この先がどんな時代であっても、子どもたちはそこで生きていきます。未来を牽引《けんいん》するイノベーターとするべく、知恵と力をわが子に授《さず》けたいと考えるのは男親ならではの発想かもしれません。

職場を子育てしやすい環境に改善しようとする人々も、社会のイノベーターでしょう。最近は、もうすぐ赤ちゃんが生まれる部下や幼い子どもを持つ部下をサポートする「イクボス」が登場しています。

イクボスとは、男性従業員や部下の子育てに理解ある上司や経営者を指す言葉です。職場環境を整え、部下のワーク・ライフ・バランスの実現に協力します。

湯崎英彦《ゆざきひでひこ》広島県知事や自衛隊幹部による「イクボス宣言」、大手企業のイクボス・セミナーなど、国や自治体、大企業は、従業員の育児参加に理解のある経営者や上司、つまりイクボスの養成に積極的です。

元祖イクメンの矢野パパは、子育て体験を生かして企業のイクボス養成を手がけています。文京区の星野パパは、地域社会のイノベーターとして、ご近所みんなで子どもを育てていくプロジェクトに着手しています。

自宅を仕事場にする堀込パパから、こんな話を聞きました。

「昨日、隣家のご主人が昼間にいたので声をかけました。そうしたら、『いやいやじつは三人目が生まれて、育休を取ったんです』って返事でした。一人目、二人目のときは取れなかった育休が、三人目で自然に取れるまでに変わってきたのですね」

現在、厚生労働省は二〇二〇年までに、男性の育休取得率を一三パーセントに引き上げる目標を掲げています。男性の育児休暇取得者が出た企業に、最高六〇万円の助成金を新設するという苦肉の策です。二人目以降は金額が減りますが、仕事と育児の両立を拓《ひら》く道としてしっかり機能してほしいものです。

父から受け継いだベビーマッサージ

ここで、父の思い出を紹介しましょう。

ベビーマッサージは親と子の心のふれあいテクニックとして、今では全国津々浦々でおこなわれています。私がベビーマッサージの普及活動を始めた当初、この手法は世間でまったく知られていませんでした。

わが国のベビーマッサージの発祥《はっしょう》は、江戸時代からの嬰児《えいじ》按腹《あんぷく》の伝統にさかのぼります。西洋医学が日本に上陸してくる以前、子どもの病気予防と治療に嬰児按腹が用いられました。その後大正・昭和の頃はすっかり廃《すた》れていたこの技術が、偶然私の家に受け継がれたのです。

発端は、当時二歳だった姉がポリオにかかったことにあります。両足が麻痺《まひ》し、一生治《なお》らないと医師から宣告された娘のために、父はあらゆる治療法を調べました。そして最後に行きついたのが、昔の療法でした。人づてに紹介を受け、幼い姉を背負って嬰児按腹の大家を訪ねました。

明治生まれのこの先生は高齢のために引退されていましたが、事情を聞いて特別に施術《せじゅつ》してくれました。同時に父も本格的に手ほどきを受け、毎夜家庭で姉に嬰児按腹を続けました。二年後、姉の足は完全に回復し、普通に歩けるようになったのです。この回復を、姉を見放

ベビーマッサージ

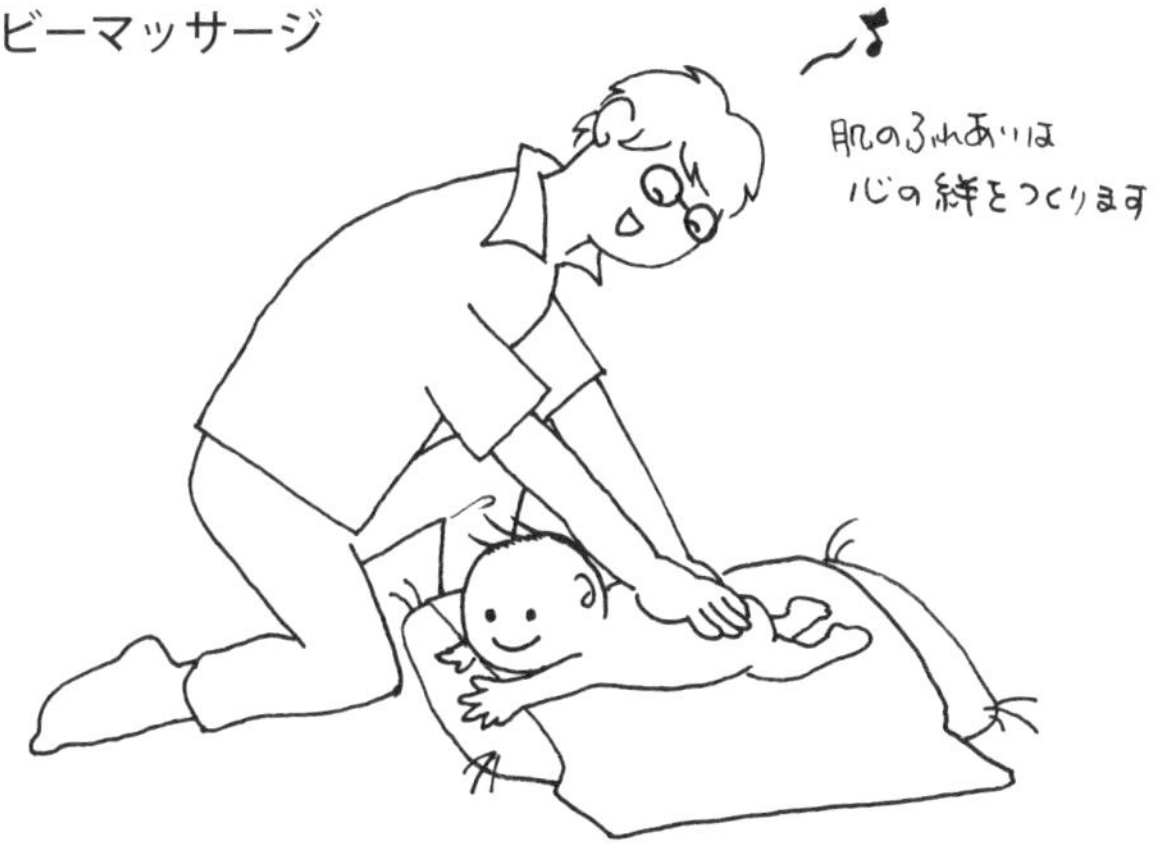

手のひら全体で赤ちゃんの背中にふれます。赤ちゃんが動きたいときは適度に動かしてOKです。本当に気持ちがいいときは、じっとして動きません。アトピーのある子の場合は、オイルを使うことがあります

した医師は「奇跡」と呼んだそうです。しかし、これは奇跡ではなく、親としての愛の挑戦の勝利でした。

そのあとに生まれてきた私は、嬰児按腹で育てられました。成人して東洋医学を学び、父から伝授された嬰児按腹に西洋の手法を組みあわせて、ベビーマッサージの名を冠して普及させるにいたりました。

ベビーマッサージの手法を解説した拙著は韓国語や中国語にも翻訳され、海外に伝わっていきました。

一九九〇年代の日本で誰にも知られていなかったベビーマッサージが、現代のように普及した背景には父の生き方が反

映されています。

実家の庭は父が手塩にかけた和風庭園で、犬やネコなどの動物もたくさん飼っていました。小学校に上がるまでの私は父の趣味につきあって、植物の名前や動物の扱いなどいろいろ教え聞かされていました。庭木の手入れを手伝い、犬を連れて山に出かけ、家では嬰児按腹の手ほどきを受けていました。

普段は厳しく、雷《かみなり》を落とす怖いオヤジでした。しかし、自然の営《いとな》みを尊重する人でもありました。どんな相手にも寛大で、根気よく耳を傾け、誠実に接していました。公正な判断を下すことが買われて、地域の相談役として水争いや土地争いの調停を任《まか》されていたのを、幼いながら記憶しています。

子どもというものは、身近な年長者をモデルにして成長します。私は親の説教は聞かなかったのですが、親のすることはいつのまにかそばで倣《なら》っていたようです。私に限らず、子どもにとって、親の生き方は人生の教材です。

子どもや動物をかわいがり、植物を丹精こめて世話する父の背中が教えてくれたのは、この世に生きるすべてのものへの愛情でした。

嬰児按腹（ベビーマッサージ）は、父にとっても、父に伝えた先生にとっても、慈愛《じあい》の技《わざ》だったのです。偶然この技術を引き継いだ者として、商標や特許で技術を専有するよりも、子育てするすべての人にふれあいの大切さを伝えていく道を選びました。

そして、私の講座を巣立っていった約四〇〇名のインストラクターの方々に、広く自由にベビーマッサージが普及していくように託しました。もちろん、適正で安全な施術法を遵守《じゅんしゅ》することを誓約していただいたうえでのことです。

ふれあいの技に派手なテクニックはありませんが、穏《おだ》やかな愛に満ちています。父が遺《のこ》した人生の羅針盤《らしんばん》に沿ったおかげで、子育て家族の親子のコミュニケーションツールとして日本中にベビーマッサージが行きわたってくれたことは、私の喜びであり誇《ほこ》りです。

最後になりましたが、この場を借りて、イクメン体験をシェアしてくださったみなさま方に、心からの感謝を申しあげます。

本書で紹介したパパ・イニシアチブのエピソードは、インタビュー時のものであり、お住まいの地域やお子さん方の年齢は当時のものとさせていただきました。一部、個人の特定を避けるために仮名を選ばれた方もいます。この場合は、プライバシー保護のためにディテールに手を加えさせていただきましたが、体験にこもる本質的なメッセージを読み取っていただければ幸いです。

登場した子どもたちは、ただいま成長まっ盛りです。これからのことは未知数ですが、パパ・イニシアチブの成果はどのような形をとっても、いつか必ず実を結ぶと信じています。

子育てを生命の営みとしてふり返れば、父親の育児参加は一時的な流行ではなく、人間としてごく自然な、普遍的な行為と思いいたります。パパ・イニシアチブは、子どもの社会性や気力・知力・体力を養ううえで重要な役割を果たし、その将来を有利に導きます。日本のパパたちには、さらに積極的に子どもに関わっていってもらいたいものです。

父の存在感は、心の羅針盤として私を支えてくれました。そして今、受け継いだものを、次の世代にどのようにバトンタッチしていくのか、楽しみながら格闘する日々にあります。

この本の執筆・出版にご協力いただいた方々との出会いに感謝しつつ、連綿と引き継がれる父から子への人生リレーの一員としてここに筆をおきます。

能登《のと》春男《はるお》

●参考文献・資料

・シャスティン・ウヴネース・モベリ　瀬尾智子・谷垣暁美訳『オキシトシン』晶文社
・能登春男『赤ちゃんの心を育てるベビーマッサージ』ノバプラン
・堀込泰三『子育て主夫青春物語　「東大卒」より家族が大事』言視社
・堀田吉雄『桑名日記・柏崎日記民俗抄―注考』伊勢民俗学会
・イザベラ・バード　金坂清則訳『日本奥地紀行』東洋文庫
・魚住絹代『いまどき中学生白書』講談社
・片岡直樹『しゃべらない子どもたち・笑わない子どもたち・遊べない子どもたち』メタモル出版
・朝日新聞社「コトバンク」人事労務用語辞典
・株式会社インテージリサーチ「平成二十五年度育児休業制度等に関する実態把握のための調査研究事業報告書」厚生労働省委託調査研究
・国連児童基金「世界子供白書」二〇〇〇年十二月十二日
・内閣府「若者の意識に関する調査（ひきこもりに関する実態調査）」平成二十二年七月
・内閣府「平成二十五年度子ども・若者白書」
・オーネット「第二〇回新成人意識調査」二〇一五年一月五日
・DVD「ジョン・レノン、ニューヨーク」キングレコード
・NHKスペシャル「ママたちが非常事態!?～最新科学で迫るニッポンの子育て」二〇一六年一月三十一日放送
・JICCフォトサロン「～幕末・明治の写真展～フェリーチェ・ベアドが見た日本」二〇一四年七月

二十九日～八月三十一日

●参考サイト一覧

・平野健太郎さんの子育て日記ブログ　http://hiranokentaro.net/
（五人の子どもたちとの日々をつづったブログです）
・宮内崇敏さんの子育て主夫マンガのサイト　http://kataruе.com
（育児雑誌にマンガを三年間連載した宮内パパは、インターネット上でもマンガを発表しています）
・ベネッセ教育情報サイト「子育て」　http://benesse.jp
・厚生労働省「パパの育児休暇を応援します!!」　http://www.mhlw.go.jp
・「できる社長の労務相談室」　http://www.roumu110.net
・文部科学省　教育サイト　http://www.mext.go.jp
・Wikipedia「ジョン・レノン」の項
・厚生労働省「出生時両立支援金助成」　http://www.mhlw.go.jp

著者略歴

ユーサイキア研究所代表。慶應義塾大学文学部哲学科中退後、スペイン語、ポルトガル語を学び国際親善センターに勤務する。退職後、日本および米国にて東洋医学と心理療法を修め、身体と心、精神的な健康の向上と癒しの手法を修得し、身体心理療法を実践する。南山大学人文学部心理人間学科・南山短期大学人間関係科元講師。近鉄文化サロン元講師。ベビーマッサージの普及に努め、日本全国にベビーマッサージの指導者を輩出する一方で、プレイパークなど野外での子育て支援活動をおこなっている。

著書には10万部を超えるベストセラー『ベビーマッサージ』（ＰＨＰ研究所）をはじめ、『ベビーエクササイズ』『再誕生療法』（以上、ＰＨＰ研究所）、『明日なき汚染　環境ホルモンとダイオキシンの家』（集英社）などがある。

男親《おとこおや》が賢《かしこ》く元気《げんき》な子《こ》を育《そだ》てる
――「パパ・イニシアチブ」子育《こそだ》て法《ほう》

二〇一六年一〇月九日　第一刷発行

著者　能登《のと》春男《はるお》
発行者　古屋信吾
発行所　株式会社さくら舎　http://www.sakurasha.com
東京都千代田区富士見一-二-一一　〒一〇二-〇〇七一
電話　営業　〇三-五二一一-六五三三　ＦＡＸ　〇三-五二一一-六四八一
編集　〇三-五二一一-六四八〇
振替　〇〇一九〇-八-四〇二〇六〇

装丁　アルビレオ
装画　北村　人
本文イラスト　神田𣘺夢
印刷・製本　中央精版印刷株式会社

ISBN978-4-86581-071-4